FACULTÉ DE DROIT DE PARIS

DU DIVORCE

EN DROIT ROMAIN

DE LA SÉPARATION DE CORPS

EN DROIT FRANÇAIS

PAR

Paul SICARD

PARIS

F. PICHON, IMPRIMEUR-LIBRAIRE,

14, RUE CUJAS ET 2, RUE VICTOR-COUSIN

1876

THÈSE

POUR LE DOCTORAT

DU DIVORCE

EN DROIT ROMAIN

DE LA SÉPARATION DE CORPS

EN DROIT FRANÇAIS

THÈSE POUR LE DOCTORAT

PAR

PAUL SICARD

L'acte public sur les matières ci-après sera soutenu le
jeudi 27 juillet 1876, à midi.

PRÉSIDENT : M. LABBÉ,

SUFFRAGANTS :
MM. BONNIER,
COLMET DE SANTERRE, } PROFESSEURS.
BUFNOIR,
DESJARDINS, } AGRÉGÉS.
CAUWÈS,

PARIS

F. PICHON, IMPRIMEUR-LIBRAIRE,

11, RUE CUJAS ET 7, RUE VICTOR-COUSIN

1876

A LA MÉMOIRE DE MON PÈRE ET DE MA MÈRE

A MA GRAND'MÈRE

A MON ONCLE

A MES FRÈRES

INTRODUCTION

Les Romains, jaloux d'attribuer au fondateur de
leur race une origine divine, donnaient le Dieu Mars
pour père à Romulus, et, comme le merveilleux
jouait toujours un grand rôle dans leurs légendes,
ils se plaisaient à raconter que Romulus encore tout
jeune fut exposé dans un berceau sur les eaux du
Tibre débordé, et qu'une louve approchant ses ma-
melles de la bouche de l'enfant, le nourrit de son
lait (1). C'est bien là le symbole du génie romain.
Ce peuple essentiellement guerrier, et né pour la
conquête du monde, pouvait-il descendre d'un autre Dieu que de celui de la guerre? Cette rudesse de
mœurs, ce courage, et surtout cette force d'âme
dans le péril, dont leur histoire nous offre tant
d'exemples, les Romains ne semblent-ils pas l'a-
voir puisé dans le lait de la louve? La nourrice était
bien digne du père.

Fidèle à son symbole qui était la lance (*hasta*),
le peuple romain dans ses relations avec ses voisins
ne reconnaissait que le droit de la force, et quand
il voulut se perpétuer par la famille, c'est encore

____

1) Tite-Live, liv. I, ch. 5.
sr. 152.

par la violence qu'il enleva les femmes des Sabins appelés dans ses murs.

Ne soyons donc pas étonnés que le droit primitif de Rome soit marqué d'un caractère de rudesse tout original, et que ce caractère apparaisse particulièrement dans la constitution de la famille. Gaius nous dit lui-même que l'on ne retrouve chez aucun autre peuple la puissance du père si absolue et si terrible (1). Quant à la puissance maritale, elle ne le cédait en rien à la puissance paternelle, car au moyen de la *manus*, le mari acquérait sur sa femme des droits égaux à ceux que sa qualité de père lui donnait sur ses enfants, au nombre desquels l'épouse prenait place.

L'autorité de la famille ainsi constituée sur ces deux bases résidait donc entre les mains du père, son chef naturel (2). Celui-ci résumait en lui toute la famille; en ses mains était concentré tout pouvoir, toute action sur les personnes et les choses, Les enfants n'avaient pas d'existence civile; ils ne pouvaient acquérir que pour leur père. La puissance dominicale, s'exerçant sans limites sur les esclaves, venait compléter l'omnipotence du père. Comme le dit très-justement M. A. Thierry : « Le « père n'a autour de lui que des instruments de « son droit de propriété; sa femme, ses enfants, ses « esclaves produisent et acquièrent pour lui, inca-

---

(1) Gaius, C. 1, § 55.
(2) L. 195, D. *De verb. signif.*

« pables eux-mêmes de posséder autrement que
« par sa volonté (1). »

Il ne faudrait pas croire que le fils de famille en
se mariant sortît de la puissance de son père. Loin
de là : cette puissance en ce cas prenait un nouvel
accroissement ; elle s'étendait sur la femme et les
enfants du fils. Ce n'était qu'à la mort du père que
tous les liens qui tenaient les enfants groupés sous
le sceptre d'un même chef, se brisaient ; chacun devenu alors *sui juris*, formait une nouvelle famille
sur laquelle il acquérait la puissance.

On le voit, chaque famille était un petit état fortement centralisé entre les mains du père, et ayant
une autorité indépendante de l'autorité publique.
« La puissance royale, dit Mommsen, est et doit
« être sans limites : pour le chef de la cité, il ne
« peut y avoir de juge dans la cité, pas plus que
« dans la maison, il n'y a de juge pour le père de
« famille. Avec sa vie finit son règne. »

Quant à la femme, elle n'exerçait jamais l'autorité paternelle. Fille de famille, elle était sous la
puissance de son père ; mariée, elle passait sous
celle de son mari ; ses enfants ne faisaient jamais
partie de la famille de son père (2). C'est ce qui a
fait dire à Ulpien (3) que la famille de la femme com-
mençait et finissait avec elle. Pour caractériser d'un

---

(1) *Tableau de l'Empire romain*, p. 271.
(2) L. 196, § 1, *De verb. signif.*
(3) L. 195, § 5, *eod. tit.*

mot la condition de la femme dans la société romaine, qu'on nous permette d'emprunter encore le témoignage de l'historien allemand : « La femme « n'appartient pas à la cité, et dans sa maison, elle « a toujours un maître, le père quand elle est fille, « le mari quand elle est épouse (1). »

Cependant lorsque les Romains eurent dépouillé la rudesse de la vie patriarcale, que l'âpreté de leurs mœurs se fut adoucie au contact des peuples soumis par eux, les institutions de famille perdirent aussi cette rigueur inexorable que nous avons constatée chez ce peuple encore dans l'enfance. La famille fondée sur la parenté naturelle et non plus créée par une fiction de la loi, commença à prendre sa place dans la législation; la puissance paternelle tendit à s'adoucir, la puissance maritale n'eut plus ce caractère d'absolutisme de l'époque primitive; on peut dire que dans la famille romaine tous les liens s'étaient relâchés à la fois.

Mais en abandonnant les mœurs de leurs pères, les Romains abandonnèrent aussi leur austérité. Par cette merveilleuse puissance d'assimilation qu'ils possédaient, ils adoptèrent tous les vices de peuples d'une civilisation plus avancée, qui firent irruption à Rome à la suite des arts, des lettres et des institutions même. On peut dire dès lors que c'en était fait de la vertu romaine.

Au milieu de ces vicissitudes des mœurs, que de-

____

(1) *Histoire romaine*, t. I, p. 78.

vient le lien conjugal et sa perpétuité? C'est son histoire qui va nous occuper, et nous allons voir qu'il suit la même marche que les mœurs elles-mêmes. Respecté tant que les mœurs demeurèrent pures, il devint le jouet des passions, quand elles furent corrompues.

Pour plus de clarté, qu'on nous permette de diviser cette étude en trois parties : La première ira de Romulus à Auguste. C'est cette époque que l'on peut appeler l'âge d'or du mariage, âge trop vite passé; car déjà nous assisterons à la décomposition des mœurs publiques. Son histoire est obscure; pour l'étudier, nous serons obligés de recourir aux renseignements épars dans les auteurs classiques, qui nous seront précieux surtout pour le milieu et la fin de la république.

La deuxième période s'étendra d'Auguste à Constantin. Eclairés par les lumières des jurisconsultes, nous verrons le divorce réglementé avec détail par les lois. Mais l'abus scandaleux qu'on en fit, abus auquel les lois prêtaient la main, rendit le mariage un jouet pour les passions.

Enfin le règne de Constantin, consacre l'avénement officiel du christianisme. Nous verrons depuis ce prince jusqu'à Justinien l'influence des idées nouvelles sur la législation des Empereurs chrétiens, et les efforts que ces princes firent pour enrayer le mal.

DROIT ROMAIN

DU DIVORCE

PREMIÈRE PARTIE

DE ROMULUS A AUGUSTE

Avant de commencer l'histoire de la dissolution du lien conjugal par le divorce, il est naturel de nous demander comment ce lien se formait à Rome.

La condition fondamentale du mariage était le consentement des époux, et pour que ce consentement fût valable, il fallait qu'il fût donné librement et en connaissance de cause ; de là, chez les époux, la nécessité d'un âge suffisant (1) pour qu'ils puissent comprendre l'acte qu'ils allaient faire, et remplir un des buts du mariage, la procréation des enfants. Sans parler du consentement du chef de famille (2), les époux devaient avoir la capacité de

(1) L. 4, *De ritu nupt.*
(2) L. 16, § 1, L. 2, *ibid.*

se prendre pour mari et femme, capacité qui a
varié à Rome d'un siècle à l'autre. La loi Cahuleia
(309 de R.), abrogea la prohibition des unions entre
patriciens et plébéiens, et la loi Papia Poppæa
(762 de R.) permit désormais le mariage entre in-
génus et affranchis. Il faut arriver à Justihien pour
voir l'émancipation complète du mariage, dont ce
prince donne un exemple en épousant la comédienne Théodora (1).

Le consentement suffisait-il pour former le mariage? C'est une opinion fort discutée que celle de
savoir s'il y avait des formes sacramentelles. Il est
hors de doute que l'autorité publique n'intervenait
pas; mais la tradition de la femme au mari était-
elle nécessaire? L'opinion généralement admise et
que nous adoptons, est que le mariage ne se réali-
sait que par la tradition de la femme, tradition qui
se manifestait ordinairement par la *deductio in
domum mariti.* C'est ainsi que M. Demangeat dit
que l'élément constitutif du mariage, était « la volonté chez deux personnes de sexe différent de vivre
ensemble, volonté réalisée par une certaine exécution. »

Comment s'opérait cette tradition? Pas de règle
fixe sur ce point. Il suffisait que la femme eût été
mise ou se fût mise en la possession de son mari (2).
Les cérémonies symboliques dont les mœurs avaient
entouré la célébration du mariage « n'étaient pas

---

(1) L. 23, C. *de Nupt.* — Nov. 117, ch. 6.
(2) Ortolan, *Explicat. de Inst.*, t. II, p. 82.

« plus nécessaires à sa validité que ne le sont de
« nos jours le voile blanc qui cache les traits de la
« mariée, ou la couronne de fleurs d'oranger qui
« pare ses cheveux, la fête et le bal qui suivent son
« hyménée (1). »

Cependant, comme la tradition ne suffisait pas
pour acquérir le domaine quiritaire sur aucune créa-
ture, le mariage réduit à la tradition, ne donnait au
mari aucun droit de puissance sur la femme ; il fallait pour que cet effet fût produit que les noces eus-
sent été contractées au moyen de la *confarreatio* (2),
cérémonie pontificale d'origine étrusque, et dans laquelle figurait un gâteau de farine et de sel, symbole de l'union des époux par l'eau et le sel, ou bien
il fallait que la femme eût été mancipée à son mari
per æs et libram. Cette cérémonie appelée *coemptio* (3) était réservée à la classe plébéienne ; les patriciens employaient la *confarreatio*. Le mari acquérait encore le droit de puissance maritale par
la possession de sa femme, continuée sans inter-
ruption pendant un an (*usus*). La femme interrom-
pait cette prescription en découchant trois nuits de
suite pendant l'année. C'était le moyen le plus
usité, puisque Gaius le cite en première ligne (4.)

Quand la cérémonie de la *confarreatio* ou la vente
fictive était intervenue, ou que le mari s'était em-

---

(1) *Ibid*, p. 61.
(2) *Gaius*, C. 1, § 112.
(3) *Id.*, § 113.
(4) *Id.*, § 110.

paré de sa femme par l'*usus*, celle-ci prenait sa place
à titre d'enfant dans la famille ; elle devenait fille
de son mari, et sœur de ses enfants, et à ce titre,
elle était incapable de posséder. En un mot, elle
était dans la même condition que le fils de famille
vis-à-vis du père. On disait alors que la femme
était *in manu*, c'est-à-dire que sa personne et ses
biens devenaient la propriété du mari, qui pouvait
la vendre, la prêter et même la tuer. Ce pouvoir du
mari sur sa femme porte l'empreinte de l'époque
primitive où il est né, époque où l'omnipotence du
chef de famille était sans limites. Aussi M. Ortolan dit-il avec raison « que toutes ces cérémonies re-
« ligieuses couvraient l'austère apreté du droit (1). »

Mais à aucune époque la *mater familias* ne fut
plus respectée. Si laissant de côté les formules du
droit, nous pénétrons dans l'*atrium* près du foyer
domestique, nous trouvons la femme romaine,
« vénérée de ses esclaves, des clients, des enfants,
« respectée de son mari, chérie de tous, maîtresse
« dans la maison et au dehors, étendant son in-
« fluence jusqu'au sein des assemblées populaires
« et des conseils du Sénat (2). » Columelle vient aussi
apporter son témoignage. « En ces temps là, dit-il,
l'épouse rivalisait d'activité et de zèle avec son époux,
cherchant à augmenter par ses soins et sa diligence
les richesses de la famille. On ne voyait rien chez
eux que l'un ou l'autre considérât comme sa pro-

---

(1) Ortolan, *op. cit.*, p. 81.
(2) P. Gide, *Étude sur la condition privée de la femme*, p. 101.

priété particulière, tout entre eux était confondu, et les efforts de chacun ne tendaient qu'au bien du ménage (1). » Quoique la femme fût exclue de la gestion des affaires publiques, qu'elle ne pût paraître sur le forum, elle ne manquait cependant pas d'exercer une légitime influence sur les destinées de la patrie, et comme le fait remarquer M. Gide, ce ne sont pas des courtisanes comme en Grèce, « ce sont toujours des vierges pures, des épouses fidèles, des mères dévouées, et c'est leur inviolable attachement aux modestes devoirs, aux humbles vertus de leur sexe, qui font toute leur grandeur (2). »

Voilà donc la condition de la femme à cette époque. D'après ce qui précède, il est facile de comprendre, étant données l'austérité et la rudesse de ces mœurs antiques, que le mariage ne pouvait être indissoluble. Le mari, chef absolu dans sa maison, exerçant une magistrature suprême, comment admettre qu'il ne pût renvoyer sa femme, et venger aussi l'honneur du foyer conjugal. Aussi, si nous en croyons Plutarque, dès le but de l'histoire de Rome, Romulus inscrivit dans la loi le droit pour le mari de renvoyer sa femme, et détermina les cas de divorce. « Parmi les lois de « Romulus, il en est une qui paraît fort dure; c'est « celle qui en défendant aux femmes de quitter leurs « maris, autorise les maris à répudier leurs femmes, « lorsqu'elles se sont rendues coupables d'une sup- « position de part, lorsqu'elles ont préparé du poi-

---

(1) Colamelle, XII, pr.
(2) P. Gide, op. cit. p. 111.

« son, se sont procuré de fausses clefs, on commis
« un adultère, et même se sont mises en état d'i-
« vresse (1). » Ces causes de répudiation étaient trop
dans les idées romaines, pour que le témoignage
de Plutarque puisse être révoqué en doute. Cette
assimilation de l'adultère et de l'empoisonnement
avec la fabrication de fausses clefs, peut paraître bizarre; mais il faut voir là une preuve du respect
imposé à la femme pour l'autorité de son mari;
quant à l'ivresse, nous ne devons pas être étonnés de
la voir figurer dans les causes de divorce, puisque
Aulu-Gelle (2) nous apprend que les femmes du La-
tium et de Rome devaient s'abstenir du vin toute
leur vie. Il cite le témoignage de Caton prétendant
que pour avoir bu du vin, les femmes étaient non-
seulement blâmées, mais condamnées par les juges
avec non moins de rigueur que si elles avaient commis une action honteuse, un adultère. Il ajoute que
l'usage du baiser sur la bouche que les parents devaient donner aux femmes, venait du désir de s'assurer à l'odeur de leur haleine, si la loi n'avait pas
été violée. L'histoire vient confirmer cette sévérité
des anciens Romains sur ce point, en nous rappor-
tant des exemples où des maris étaient allés jusqu'à tuer leurs femmes surprises en état d'ivresse.

Voilà les cas où d'après Romulus, le mariage était
rompu; et il faut croire qu'ils furent les seuls puis-

---

(1) Plutarque, *Vie de Romulus.*
(2) Nuits Att. Liv. X, ch. 23.

que Plutarque ajoute : « Si un mari répudie sa
« femme pour toute autre cause, la loi ordonne que
« la moitié de ses biens lui soit dévolue, l'autre à
« Cérès et qu'il soit lui-même dévoué aux dieux in-
« fernaux. »

Remarquons que Plutarque ne parle pas du droit
de la femme de répudier son mari ; ç'aurait été en
effet faire échec à l'autorité maritale de donner à la
femme un droit égal à celui du mari. Nous ne ren-
contrerons l'égalité entre les deux sexes que bien plus
tard dans la législation. Caton nous dit : « Si tu sur-
prends ta femme en adultère, tu peux la tuer impunément sans jugement ; mais si elle te surprenait
dans le même cas, elle n'aurait pas le droit de te
toucher du doigt (1). »

Quoique la loi permît le divorce. à cause des
mœurs patriarcales des anciens Romains, il fut en
fait presque inconnu à l'origine ; ajoutons aussi que
la sévérité de la loi de Romulus pour les répudiations
arbitraires, a bien pu ne pas être sans quelque influence sur le respect du lien conjugal. Il nous faut
franchir une espace de trois siècles pour trouver un
autre acte législatif touchant la répudiation. C'est
la loi des XII Tables publiée en 303 ou 304. Cette
loi ne nous est connue que par des fragments épars
dans les auteurs ; mais si nous en croyons Cicéron,
elle s'occupait de la répudiation. On connaît ce mot
de Cicéron au sujet d'Antoine. « Il ordonna à sa co-

____

(1) Aulu Gelle, ch. X, 23.

« médienne de faire son paquet, selon la loi des XII
« Tables, lui enleva les clefs et la mit à la porte.
« Quel grand citoyen, s'écrie-t-il, combien doit-on le
« louer. Dans toute sa vie, il n'a fait une plus belle
« action que de chasser cette comédienne (1). »

La femme avait-elle d'après la loi des XII Tables
le droit de répudiation dans certains cas? La question est obscure. Montesquieu fait remarquer dans
son *Esprit des lois* que « dès le moment que la femme
« ou le mari avait séparément le droit de répudier,
« à plus forte raison pouvaient-ils se quitter de
« concert et par une volonté mutuelle (2). » De son
côté, Pothier conclut du passage de Cicéron déjà
cité que le divorce à volonté était permis au mari (3).

Mais il semble que de telles assertions ne peuvent s'induire de ce texte, qui garde le silence sur
les causes de renvoi du mari, et reste dès lors en dehors de la question.

Quelques auteurs ont cru trouver dans Plaute la
preuve que la femme ne jouissait pas du droit de
répudier son mari. Voici en quels termes Syra se
plaint de la condition des femmes.

« Par Castor! les malheureuses femmes vivent
« sous une dure loi et bien plus injuste que celle des
« hommes. Le mari a-t-il des relations clandestines
« avec une courtisane, que sa femme le sache, elle
« ne pourra s'en plaindre. Mais la femme sort-elle

---

(1) Philipp., 2, 28.
(2) Montesquieu, *Esprit des Lois*, liv. XXVI, ch 16.
(3) *Pandectes*, liv. XXIV, tit. 2, art. 1, § 3.

« secrètement de la maison de son mari, voilà une
« cause de divorce pour le mari, le mariage est
« rompu. Plaise aux Dieux que la loi soit la
« même pour l'homme et pour la femme (1). » Qu'on
rapproche de ce passage celui de Caton, rapporté par
Aulu-Gelle (2), que nous avons déjà cité, et il
semble que ces deux textes se corroborant l'un
l'autre, la thèse soit prouvée. On peut cependant
répondre que la femme, quoique n'ayant pas un
droit de répudiation aussi étendu que celui du mari,
n'était pas cependant désarmée devant l'omnipotence du mari. Les causes pour lesquelles elle pouvait rompre le mariage, n'étaient pas les mêmes, et
c'est probablement ce qui motive les plaintes de
Syra. Du reste Plaute, corrige ce que cette opinion
aurait de trop absolu, quand il met dans la bouche
de Climène outragée ces paroles : « Adieu, reprends
ton bien, rends moi le mien. »

C'est ici que nous nous trouvons en présence d'un
problème historique dont il faut parler. Les auteurs
anciens s'accordent à dire que le premier exemple
de divorce n'eut lieu à Rome qu'en l'an 520. Valère
Maxime nous raconte (3) que Carvilius Ruga répudia sa femme pour cause de stérilité, et que quoique poussé par un motif acceptable (*tolerabili*), il
ne put échapper au blâme; « car, dit-il, l'on croyait
« que le désir d'avoir des enfants ne devait pas pré-

___

1. Mercator, acte IV, sc. 5, vers. 791 et. s]
(2) Nuits Attiques, ch. X, 23.
(3. Val. Max., Lr. II, ch. I, n° 4.

« valoir sur la foi conjugale. » Aulu-Gelle nous raconte le même fait en ajoutant que Carvilius avait voulu être fidèle au serment fait au censeur en se mariant, de prendre femme pour avoir des enfants (1).

Pourquoi la confidence faite à l'histoire de cette querelle de ménage ? Pourquoi ce scandale et cette émotion ? Doit-on conclure de ces textes qu'avant le cas de Carvilius, le divorce était resté inconnu à Rome. Il n'est pas possible d'admettre qu'avant l'an 520 les Romains n'aient pas usé d'un droit que leur donnait la loi, et qu'elle avait réglementé à plusieurs reprises. C'est l'avis de Montesquieu dont le témoignage est précieux pour nous : « Il suffit, « dit-il, de connaître la nature de l'esprit humain, « pour sentir quel prodige ce serait que la loi don- « nant à tout un peuple un droit pareil, personne « n'en usât : » (*Esprit des Lois*). Il est vrai que dans les premiers temps, la simplicité des mœurs patriarcales, l'autorité si puissante du mari, la sévérité des lois punissant la répudiation arbitraire, ont pu avoir une influence salutaire sur la pureté du mariage et conséquemment rendre les divorces très-rares. Cependant, comment expliquer que le divorce de Carvilius ait fait un tel scandale, et provoqué l'indignation du peuple romain ? Tite Live nous donne la raison de cette émotion populaire. « Il était inad- « missible, dit-il, que des épouses qui s'étaient don-

---

(1) Aulu Gelle. *Nuits Attiques*, IV, 3 ; XVII, 21.

« nées en vue d'une société perpétuelle, fussent' ré-
« pudiées pour une cause quelconque (1). » Le motif
allégué par Carvilius, qu'il ne voulait pas manquer
à son serment, ne fut pas jugé suffisant pour lui
permettre de trahir la foi conjugale, hors des cas
prévus. Cette remarque de Tite Live réfute, disons
le en passant, l'opinion de ceux qui pensent que la
la loi des XII Tables avait établi le divorce à volonté
sans cause déterminée. Peut-être pourrait-on expliquer la sévérité des contemporains de Carvilius par
cette circonstance, que le mariage avait été contracté
par la confarreation, dont les effets ne pouvaient
être détruits que par une cérémonie contraire, la
diffareation, dont le lugubre appareil, au dire de
Plutarque, faisait frissonner. L'acte de Carvilius a
été peut-être le premier de ce genre, et a frappé
par là l'opinion publique.

Cette émotion du peuple romain est une preuve
remarquable qu'à cette époque où les mœurs n'é-
taient pas encore corrompues, on avait un respect
singulier pour la sainteté du lien conjugal, et que le
briser pour une raison aussi futile que celle alléguée
par Carvilius blessait les idées reçues alors.

Cet âge d'or du mariage ne devait pas durer longtemps; Rome dans sa marche victorieuse vers la
domination du monde, ne tarda pas à rencontrer la
civilisation grecque avec tous ses raffinements et
tous ses vices. Suivant la parole du poëte : « la Grèce

___

(1). Tite Live. Liv. XX, ch. 21.

vaincue sut bien soumettre son fier vainqueur (1).»

Elle sut inoculer tous les vices, eux austères fils de Romulus en même temps qu'elle initiait aux arts et aux lettres ces barbares grossiers et sans culturre. C'est alors que l'on vit les Romains, au dire de M. Gide, dépasser dans le vice les Grecs eux mêmes. « Chez les Grecs en effet, la corruption des mœurs « trouvait des bornes d'abord dans la modération « naturelle à ce peuple, ensuite dans la contrainte sé- « vère où les femmes étaient tenues. La même cor- « ruption une fois répandue dans Rome, n'y ren- « contra plus de digue. Les Romains, violents et « grossiers, s'y plongèrent sans mesure, et comme « les femmes, jouissaient chez eux d'une liberté très « grande, la débauche pénétra au sein des familles « et vint souiller jusqu'au sanctuaire du foyer (2). »

Les idées des Grecs sur le divorce n'eurent pas une moins fâcheuse influence. Chez eux, le lien du mariage avait été relâché dans la crainte des unions stériles; le mari avait de déplorables facilités pour répudier sa femme à son bon plaisir et sans forma- lités. Le mariage n'était pas du reste en honneur dans ce pays où la courtisane tenait une si grande place, et exerçait une influence prépondérante sur le maniement même des affaires publiques, tandis

---

(1) Horace. Art. Poëtique.
    .... Græcia capta ferum victorem cepit et artes
       intulit agresti Latio.....
(2) P. Gide. Condit. privée de la femme, p. 138.

que la femme légitime reléguée au fond du gynécée
restait toute sa vie condamnée à l'ignorance.

Cet exemple des mœurs de la Grèce devait à Rome
porter ses fruits. Les causes de divorce d'abord
soigneusement limitées et présentant un certain
caractère de gravité, ne tardirent pas à devenir de
moins en moins sérieuses, et à mesure que la corruption faisait des progrès, le respect du lien conjugal diminuait. Elles ne furent plus que des prétextes
pour convoler à de nouvelles unions; le mariage
n'était plus qu'un caprice, un jeu, une spéculation
que dissolvait un nouveau caprice, ou une nouvelle
spéculation.

Au milieu de la dissolution des mœurs, la famille
ne tarda pas à se désorganiser, et le père vit bientôt se briser entre ses mains le faisceau de ses droits
autrefois si puissants. Au lieu du tribunal domestique, juge souverain dans la famille, nous voyons
la loi publique intervenir, et s'interposer entre le
fils et le père qui veut punir.

La femme elle-même conquiert son indépendance
l'ancienne *manus* commence à tomber en désuétude. La loi des XII Tables en effet avait donné à la
femme le moyen de s'affranchir du joug marital
en restant libre quoique mariée, pourvu qu'elle ait
découché trois nuits de suite hors la maison conjugale chaque année. Les formes de la *Confarreatio*
ne furent plus observées; du reste les cérémonies de
la *diffareatio* en faisaient cesser tous les effets.
Quant à la *coemptio* et à l'*usus*, ils étaient anéan-

tis par une revente (*remancipatio*) que suit un affranchissement.

Il est très-probable qu'à l'origine la femme *in manu* ne dût pas jouir du droit de répudiation comme la femme libre. Le caractère de la puissance maritale ne pouvait s'accomoder de cet acte qui suppose plus d'indépendance chez la femme que n'en comportaient les mœurs de l'époque. Mais plus tard, quand la personnalité de la femme se fut dégagée, on comprend qu'elle put répudier son mari sans recourir aux formes dont nous avons parlé pour rompre la *manus*. Mais ceci nous transporte en plein Xe siècle, du temps de Gaius, où la *manus* ne résulte plus que de la *coemptio* (1).

Les droits respectifs des époux une fois établis, il importe de se fixer sur le sens des mots : *divorce*, *répudiation*. Empruntons à Montesquieu sa définition : « Il y a cette différence entre le divorce et la « répudiation que le divorce se fait par un consente- « ment à l'occasion d'une compatibilité mutuelle au « lieu que la répudiation se fait par la volonté et « par l'avantage d'une des deux parties (2). » Ainsi le divorce, venant de la diversité de caractère (*diversitate mentium*), suppose un concours de volonté chez les deux époux ; la répudiation est l'acte par lequel un seul des époux rompt une union par sa volonté, qui fait loi. Les textes nous signalent encore

---

(1) Gaius, *Comment.*, I, § 136.

(2) Montesquieu, *Esprit des Lois*, I, 26, 15.

une différence entre les deux institutions, c'est que
le *repudium* détruit les fiançailles, et pour qu'il y
ait divorce, il faut que les époux qui se séparent
soient mariés (1).

L'un des époux voulait-il répudier son conjoint,
il devait lui signifier le *repudium ;* les termes de
cette signification nous ont été conservés par les
écrivains et les jurisconsultes. Observons qu'il n'y
a jamais rien eu là de sacramentel. « *Tuas res tibi
habeto redde meas, emporte ce qui est à toi, rends
moi ce qui m'appartient.* » Gaius en nous donnant
une autre expression, nous montre que la volonté
de répudier devait être évidente chez l'époux qui
répudiait, mais cette condition était suffisante :
« *Tuas res tibi agito, fais les affaires toi-même* (2). »

Une formalité qu'on ne pouvait négliger, était
l'intervention d'un tribunal domestique composé de
parents et d'amis(3), qui appréciait les motifs allégués
par l'époux, et rendait une sentence sous le contrôle du censeur. Valère Maxime (4) nous raconte à ce
propos que les censeurs exclurent du Sénat Lanto-
nius pour avoir répudié sans consulter aucun de ses
amis une jeune fille qu'il avait épousée. On voulut
le punir, malgré la haute dignité dont il était re-
vêtu, d'avoir foulé aux pieds les liens sacrés du mariage.

---

(1) L. 101, § 1 et L. 191. *De verb. signific.*
(2) L. 2, § 1, D. *De divort.*
(3) Gide, *Hist. de la condit. privée de la femme*, p. 131
(4) Val. Max., liv. II, ch. 9, n° 2

Les causes du divorce ne devaient pas être les mêmes pour les deux sexes ; pour la femme, la réserve que lui imposaient les mœurs et les usages devait multiplier le nombre des fautes donnant lieu au divorce. Mais elle n'était cependant pas désarmée ; restée sous la puissance paternelle, la fille avait besoin de l'autorisation de son père, et celui-ci de sa propre autorité pouvait envoyer le *repudium* à son gendre ; mais où cette protection devenait inique, c'est quand le père signifiait le divorce, malgré la volonté de sa fille. Cette exagération de l'autorité du père, pouvait donner lieu à de graves abus ; car en répudiant son gendre au nom de sa fille, le père avait un moyen de reprendre la dot qu'il avait constituée. Ajoutons cependant qu'il ne pouvait exercer seul cette action en restitution ; il fallait pour qu'elle fût efficace que la fille s'y associât.

Les plus anciens auteurs nous ont rapporté un écho lointain des plaintes des femmes séparées de leur maris qu'elles aiment. Voici ce qu'Ennius met dans la bouche d'une fille parlant à son père : « Vous me châtiez injustement, mon père, car si « vous aviez pensé que Cresphonte fût un malhon- « nête homme, pourquoi me l'avoir donné pour « époux ? S'il est honnête, pourquoi vouloir nous « séparer, malgré lui et malgré moi ? »

Avant la loi Julia *de adult.* la répudiation n'était soumise à aucune formalité. Si nous en croyons Valère Maxime, toutes les fois qu'il s'élevait jadis quelque différend entre les époux, ils se rendaient au temple

de la déesse *Viriplaca* et là après s'être expliqués
l'un et l'autre, ils s'en allaient réconciliés. « Déesse
« bien respectable, ajoute l'auteur, et qui mérite
« peut-être nos hommages avant tous les dieux. Son
« nom exprime sans blesser l'égalité d'une tendresse
« mutuelle, l'hommage que doit la femme à la di-
« gnité de son mari (1). »

Il est permis de douter qu'à l'époque où nous
sommes arrivés, l'influence de la déesse *Viriplaca*
fût bien efficace dans les querelles de ménage, que
le mari se laissât apaiser devant son autel; ou que la
femme irritée renonçât à ses griefs. « Dans ce siècle
corrompu et peu religieux, la meilleure *Viriplaca*
était la beauté (2). » Ovide nous raconte à ce propos
que Sulpicius avait assigné sa femme devant le préteur pour entendre prononcer leur divorce. Mais
lorsqu'il la voit descendre de sa litière fermée dans
tout l'éclat d'une beauté que rehaussait la parure
la plus séduisante, l'époux ébloui et charmé ouvre
ses bras à son épouse en s'écriant : « Tu as vaincu,
Paula ! (3) »

La volonté du répudiant devait être manifeste ;
c'était la seule condition de la validité de la répudiation. Les clés, symbole de l'association de la
femme à l'administration du ménage, lui étaient
remises, le jour du mariage. Quand elle répudiait

---

(1) Val. Max., liv. II, ch. 1er, no 16.
(2) Dezobry, *Rome au siècle d'Auguste*, t. III, p. 23.
(3) Or. Remed. am. 665.

son mari, elle rendait les clés ; le mari renvoyait-il à sa femme, il reprenait les clés.

Les flétrissures morales qui frappaient l'époux coupable, devinrent impuissantes quand les mœurs furent corrompues. C'est ce qui fait dire à Montesquieu : « La corruption des mœurs détruisit la cen- « sure, établie elle-même pour détruire la corruption « des mœurs ; mais lorsque cette corruption devint « générale, la censure n'eut plus de force (1). »

Ce n'était pas seulement le mari qui donnait l'exemple de la débauche ; nous avons vu les femmes se jeter avec ardeur dans tous les vices, et souiller l'honneur du foyer conjugal. Troplong nous fait un tableau bien sombre des mœurs de la femme à l'époque où nous sommes arrivés, c'est-à-dire à la fin de la République. « De leur côté, dit-il, les « femmes voyant qu'elles n'étaient protégées ni par « la vertu, ni par leur affection, se livraient sans rete- « nue aux plus épouvantables déportements, et ceci « est une nouvelle preuve de cette vérité qu'atteste « l'expérience de tous les siècles ; c'est que l'excès « du divorce conduit la femme à l'adultère (2). »

Par suite de la corruption des mœurs, le divorce trouva de nouvelles facilités. Nous voyons Sulpicius Gallus répudier sa femme pour s'être montrée en public le visage découvert, en lui disant : « Tout « autre regard que le mien attiré sur vous et provo-

---

(1) Esp. de Lois, XXIII, 21.
(2) Troplong, Influence du Christ sur le droit civil des Romains.

« qué sans nécessité, devient une cause de soupçon,
« un motif de vous croire criminelle (1). »

Nous voyons un Antistius Vetus renvoyer sa
femme pour s'être entretenue avec une affranchie
de mauvaises mœurs, et un Sempronius Sophus
faisant subir à sa femme l'humiliation du divorce
pour avoir assisté aux jeux publics à son insu (2).

Ce ne sont pas seulement des personnages obscurs
qui nous donnent de tels exemples; les noms les plus
illustres de Rome remplissent la chronique scandaleuse de cette époque. Plutarque nous rapporte que
Hortensius, épris d'admiration pour Caton, lui de-
manda sa propre femme Marcia en mariage, et l'on
put voir, spectacle étrange, un mari signer au contrat de mariage de sa femme avec son ami, et y apposer son anneau. Hortensius vécut avec Marcia
jusqu'à la fin de ses jours et quand il fut mort, Caton l'épousa de nouveau (3).

César lui-même répudia Pompeia sur un simple
soupçon d'adultère, en disant aux tribuns étonnés:
« La femme de César ne doit pas même être soup-
« çonnée. »

Brutus épousa Valéria le jour même de son divorce, et on vit Cicéron renvoyer Terentia qu'il ai-
mait, pour épouser une femme plus riche, et sa dot,
dont il était dépositaire par un fidéicommis servit
à payer ses dettes, tant il est vrai de dire qu'il est
plus facile d'enseigner la vertu que de la pratiquer.

---

(1) Val. Max., liv. 6, ch. III, n° 10.
(2) Val. Max., loc. cit., n°° 11, 12.
(3) Plutarque, *Vie de Caton*, 52.

DEUXIÈME PARTIE.

D'AUGUSTE A CONSTANTIN.

La République venait de disparaître, et Rome fatiguée de tant de guerres civiles, s'était donné un maître. Auguste crut avoir reçu la mission providentielle de faire revivre l'ancienne vertu romaine, et d'arrêter la corruption qui avait marqué la fin de la République. Mais, vains efforts ! à supposer qu'une puissance humaine pût opérer cette révolution dans les mœurs, Auguste, moins que tout autre, était capable d'y parvenir. Un orateur chrétien l'a dit admirablement : « Les mœurs des grands forment bientôt les mœurs publiques... la foule n'a pas d'autre loi que les exemples de ceux qui commandent... et si leurs vices trouvent des censeurs, c'est d'ordinaire parmi ceux qui les imitent (1). » Quel exemple en effet pour le peuple romain que celui de ce prince moralisateur répudiant sa femme Scribonia pour épouser Livia, alors enceinte de six mois, qu'il avait arrachée à son mari Tibérius Néron. Abusant de son pouvoir, il se fit livrer les femmes des principaux citoyens de Rome. Ce grand réformateur des mœurs de son temps eut à sévir jusque dans sa propre famille. Sa fille Julie par

____

(1) Massillon, Petit carême, Sermon pour la Fête de la Purification st. 152.

ordre de son père expia dans un exil terrible les débauches dont elle avait donné le spectacle. Parlerons-nous de Mécène, le favori du prince, le protecteur des lettres, qui se maria mille fois au dire de Sénèque? Le propos n'est pas exagéré, si l'on entend par ces mille mariages, les répudiations et les réconciliations de ce personnage avec sa femme.

Auguste en aspirant au titre de restaurateur des mœurs publiques, avait du reste une pensée politique. La République romaine venait de subir des crises terribles, les proscriptions, les guerres civiles avaient coûté la vie à des milliers de citoyens, et l'Italie dépeuplée demandait des bras pour l'agriculture, dont les dernières guerres avaient fait perdre le goût.

> ....Non ullus aratro
> Dignus honor squalent abductis arva colonis!

s'écrie mélancoliquement Virgile (1). Le mal était grand en effet ; aussi l'empereur voulut-il ramener les citoyens au mariage, et reconstituer la population. De là les lois Julia et Papia Poppæa. Mais quand les mœurs sont corrompues, les lois sont impuissantes à les réformer ; aussi rencontrèrent-elles une résistance énergique. « Le peuple romain, dit M. Gide, « qui assistait avec une muette indifférence au renon- « cement de toutes ses libertés, se révolta dès qu'on « voulut toucher à ses vices (2). » La tentative de

____

(1) Virgile, *Géorgiques*. Liv. 1er V. 506-507.
(2) Gide, *op. cit.* p. 170.

l'Empereur, loin de porter les fruits qu'il en atten-
dait, ne fit que provoquer des raffinements de débauche. La loi punissait les célibataires; pour l'élu-
der on donna le nom de mariage à des commerces
sans nom. Les femmes adultères tombaient sous le
coup de la loi, et comme les prostituées y échap-
paient, on vit des femmes portant un nom illustre,
se livrer publiquement à la prostitution. Les maris
allaient jusqu'à encourager le désordre de leurs femmes pour avoir le nombre d'enfants voulus par la
loi, et jouir des priviléges attachés à la paternité.

Nous avons vu le lien conjugal devenu le jouet
des passions, les causes de divorce si peu sérieuses,
les mariages rompus avec tant de facilité, qu'on
peut dire que le mariage n'est plus qu'un mot. Auguste porta remède à ce mal, ou du moins l'essaya-
t-il. Si l'on en croit Suétone, il mit un frein aux
divorces: *Augustus divortiis finem imposuit.* Ce n'est
pas à dire qu'il défendit le divorce par consentement
mutuel, si fort enraciné dans les mœurs; mais il en
régla les formalités, sans lesquelles le divorce était
tenu pour non avenu (1). Ulpien applique ce nouveau principe aux donations entre époux et ajoute :
« Si le divorce n'a pas eu lieu avec les formalités
« légales, le mariage ne paraît pas dissous (2). » Il
nous faut donc rechercher maintenant quelles sont
les formalités du divorce; nous étudierons ensuite
les causes du divorce, et enfin les effets du divorce.

---

(1) L. 1. in f. D. *L'ade. cir. et uxor.*
(2) L. 33. D. *De donat. int. vir. et ux.*

§ 1ᵉʳ. *Formalités du divorce.*

. La loi 9 D. *De divort.* nous indique ces formalités. Il fallait que sept témoins pubères et citoyens romains assistassent à la signification de la répudiation; et la loi prend soin d'ajouter que l'affranchi qui signifie le libelle, ne compte pas au nombre des témoins, tant était importante à ses yeux cette assistance. Une manifestation quelconque de la volonté ne suffisait donc pas.

Nous avons vu le père s'entourer de parents et d'amis pour former ainsi un tribunal qui jugeait sans appel les causes intéressant la famille, sous le contrôle du censeur. La loi Julia introduit le pouvoir civil sur ce terrain jusque là respecté. Un *judicium de moribus* était institué pour rechercher les causes de répudiation et punir l'époux coupable. C'était un juge nommé par le préteur qui appréciait, comme faisait autrefois le censeur, les griefs du mari.

Quel était le but de ce *judicium de moribus?* le rôle de ces témoins? Peut-être Auguste pour mettre un frein aux divorces, avait-il voulu forcer les époux à en divulguer les causes. Peut-être aussi ces témoins qui assistaient à la signification du libelle, étaient-ils un vestige de l'ancien tribunal domestique.

L'affranchi était donc chargé de porter le libelle

de répudiation ; c'est ce qui a fait dire à Juvénal :

Collige sarcinulas, dicet libertus, et exi.

« Ramasse tes hardes, dira l'affranchi, et va-t-en. » Sur le libelle étaient inscrits ces mots que nous avons déjà cités : *Tuas res tibi habeto*, ou bien *tuas res tibi agito*. « Prends ce qui t'appartient, » ou bien « fais tes affaires toi-même. » Et s'il s'agit de deux fiancés qui se séparent, la formule était celle-ci : « *conditione tud non utor*, » c'est-à-dire : « Je refuse de suivre la condition (1). » Peu importe, du reste, ajoute la loi, que cette signification fût reçue par l'époux lui-même, ou en son absence, par celui sous la puissance duquel il se trouve.

Ici s'élève une question controversée parmi les interprètes. Faut-il voir dans ces paroles prononcées des formules solennelles qui devaient être employées à peine de nullité, ou bien faut-il admettre que les époux pouvaient se servir de paroles équivalentes? Il est difficile, malgré l'avis de Pothier et de Cujas, de voir dans le divorce un *actus legitimus* exigeant des paroles sacramentelles. En effet, la loi 77 D. *De reg. juris* n'aurait pas manqué de comprendre le divorce dans l'énumération qu'elle donne des *actus legitimi*. La conséquence en est donc que la condition suffisante de la validité de la signification consistait dans l'expression claire de la volonté du répudiant sur le libelle.

Pour que le divorce soit valable, il faut encore

____

(1) L. 2. D. *De divort.*

qu'il n'y ait pas d'équivoque dans la volonté du répudiant de se séparer pour toujours de son conjoint; le divorce doit être sérieux. C'est ce que nous dit Paul (1) qui fait immédiatement l'application de ce principe au cas où l'un des époux sous l'empire de la colère a signifié le divorce. La volonté n'est pas éclairée en cette occasion ; Caton assimilait la colère à la folie; la seule différence, disait-il, est dans la durée. Pour que le divorce subsiste, il faut que le répudiant par la persévérance de sa résolution, montre bien que c'est là son intention réfléchie, ce qui n'a pas lieu par exemple quand les époux se sont réunis postérieurement.

Une autre conséquence du caractère sérieux que doit présenter le divorce, c'est que les effets ne sont pas produits, s'il y a eu séparation entre les époux à la suite d'une simple brouille, *jurgium*, d'une colère passagère, *brevis ira*, d'une querelle de ménage. Les jurisconsultes qui font cette distinction, considèrent en ce cas le mariage comme durant encore, quand la femme est revenue au logis, et qu'il y a eu ainsi réconciliation (2).

Papinien (3) prévoit un cas particulier; il suppose que le répudiant s'étant repenti, le libelle a été signifié malgré ce changement de volonté. Le mariage en ce cas est censé n'avoir jamais été rompu, à moins,

---

(1) L. 3, D. *De divort.*
(2) L. 31, D. *De jure dot.*
(3) L. 7, D. *De divort.*

ajoute-t-il, que l'autre époux ne veuille divorcer à
son tour (1). Il est important de déterminer celui des
deux époux qui prend l'initative du divorce, car c'est
lui qui est punissable si les causes invoquées ne sont
pas fondées.

La volonté de divorcer est nécessaire chez le répudiant, mais elle est suffisante; peu importe que
la personne répudiée ait reçu ou non le libelle, qu'elle
ait consenti ou non. Le mariage est rompu, quoique le libelle n'ait pas été remis, ou que l'époux répudiée n'ait pas connu la répudiation (2).

En vertu de ce principe, Ulpien empruntant sur
ce point l'avis de Julien, se demande si une insensée peut répudier son mari, ou être répudiée à son
tour. Le jurisconsulte répond affirmativement sur sa
seconde question, Oui dit-il, elle peut être répudiée;
car elle est assimilable à un époux qui ignorerait le
divorce, et nous savons que la volonté du répudiant
suffit. Quant à la question de savoir si cette insensée peut répudier son conjoint, il faut dire non ;
car elle ne peut consentir valablement, et son curateur n'a pas plus droit qu'elle ; mais son père peut
signifier le libelle à son mari (3).

Il faut rapprocher de cette décision pour avoir
une idée exacte de la condition de l'insensée quand
elle est mariée, ce que dit Ulpien (4). Lorsque la

---

(1) L. 48, D. *De reg. jur.*
(2) L. 6, C. *De repud.*
(3) l. 4, D. *De divort.*
(4) L. 22, § 8, *De solut. matrim.*

femme devient folle, le mariage n'est pas dissous de plein droit, mais si le mari en même temps lui refuse les soulagements qu'exigerait son état, le curateur de la femme ou ses parents peuvent faire condamner le mari à lui fournir des aliments et des remèdes. Dans le cas où par ses dissipations, le mari mettrait la dot en péril, le juge la fera séquestrer, tout en permettant aux parents d'en tirer ce qui est nécessaire à la femme dans son état, et en ayant soin de respecter les conventions matrimoniales.

Le divorce, avons-nous dit, devait être sérieux pour être valable, c'est-à-dire que les époux devaient avoir l'intention formelle de ne point rétablir leur union. Mais souvent il n'était que fictif et cachait l'intention des époux de se faire des avantages frauduleux. Voici une hypothèse où la fraude peut se rencontrer (1). Un père a constitué une dot à sa fille en stipulant la restitution si sa fille meurt pendant le mariage. Pour que le mari garde la dot, elle divorce ; de sorte que le père ne pourra la réclamer à la mort de sa fille puisqu'elle n'est pas morte durant le mariage. Mais le préteur déjoue ce calcul et donne au père une action utile en restitution de la dot. Le divorce en ce cas est tenu comme non avenu. Julien donne la même décision ainsi que Gaius (2).

---

(1) L. 5, D. *De divort.*
(2) L. 59, D. *Solut. matrim.*

Dioclétien (1) décide de même dans une pareille hypothèse. En cas de divorce fait dans l'intention frauduleuse d'enlever la dot au constituant,
la ruse sera déjouée, afin, dit il, que la fourberie
ne puisse porter ses fruits. Une répudiation imagi-
naire, dans le but de rompre un mariage ou des fiançailles, ne peut avoir aucun effet.

§ 2. *Causes du divorce.*

Auguste, avons-nous dit, voulut par ses lois
mettre un terme aux divorces; mais il n'osa toucher
au divorce par consentement mutuel : la liberté des
époux était un principe trop cher aux Romains
pour que ce prince crut pouvoir y porter atteinte.
« Rien n'est si naturel, disait Ulpien (2), que de dis-
« soudre un contrat par le mode qui a servi à le for-
« mer. » Or un principe souvent proclamé chez les
Romains, était que le consentement suffit pour
constituer le mariage; donc ce consentement devait
avoir la puissance de le dissoudre. Ce mode de divorce s'appelle *divortium, discidium, discessus.* Remarquons qu'en ce cas, il n'y a lieu de punir aucun des
époux, car aucun n'est coupable, et la loi n'a pas à
intervenir.

---

(1) L. 3, C. *De repud.*
2. L. 35, D. *De reg. jur.*

Ulpien nous parle d'un usage assez répandu à Rome, (1) d'après lequel deux époux se séparaient à l'amiable, tout en restant unis par un mariage honoraire. Le jurisconsulte se pose la question de savoir si en ce cas, les donations que des époux ainsi séparés se feraient, seraient valables; et il répond, non; car le mariage dure encore entre eux. Ce n'est pas en effet la cohabitation qui fait le mariage, mais la volonté d'être unis. Or une telle intention ne fait pas défaut chez ces époux séparés de fait.

Nous trouvons dans ce titre des donations entre époux huit causes légitimes de divorce. L'engagement dans le sacerdoce, la stérilité et l'impuissance du mari, la vieillesse, la mauvaise santé, le service militaire (2), l'absence de l'un des époux (3), la folie, l'adultère. (4)

Nous avons vu que le divorce demandait un consentement éclairé chez l'époux que repudie son conjoint, et nous avons dit que l'insensée ne pouvait envoyer le *repudium* (5). Ulpien se demande si la folie est une cause de rupture du mariage. Non, répond-il, si l'époux en démence a des intervalles lucides, et si sa maladie est supportable pour les gens qui l'entourent. N'est-il pas juste, ajoute-t-il, que la femme prenne une part dans les malheurs de

---

1, L. 32. D. *De donat. int. vir. et ux.*

2, L. 60, § 1 ; L. 61 *cod. tit.*

3, L. 6), *De divort.*

4, L. 21, § 8 D. *De donat. int. vir. et ux.*

5, L. 22, § 7, D. *solut. matrim.*

son mari, et le mari dans ceux de la femme? Mais il y a une exception à cette règle: Lorsque la folie atteint un tel degré de gravité qu'elle deviendrait un danger pour tous, et que d'un autre côté, il y a peu d'espoir de guérison, la loi permet à l'époux sain d'esprit de divorcer, et en ce cas il n'encourt pas les peines du divorce injuste.

Parlons de l'adultère qui fait l'objet de la loi *Julia* portée par Auguste.

L'adultère était une juste cause de divorce quel que fût le coupable des deux époux. La différence entre les deux cas ne consistait que dans le châtiment. Paul (1) nous apprend que la femme convaincue d'adultère était privée de la moitié de sa dot, d'un tiers de ses biens et reléguée dans une île. Le mari infidèle encourait seulement la déchéance du délai que la loi lui accordait pour la restitution de la dot.

Après le divorce pour cause d'adultère, le père et le mari pouvaient poursuivre la femme pendant soixante jours ; ce délai passé, ce droit appartenait à tous pendant quatre mois (2). Le complice de la femme était poursuivable pendant cinq ans, même après la mort de celle-ci (3).

Malgré cette assimilation de l'adultère des deux époux, au point de vue des causes du divorce, la loi

---

(1) Sentences. L. II. T. 26 § 11.
2) L. 4 § 1. D. *ad Leg. Jul de adult.* — L. 15 § 2 *eod titulo.*
3. L. 11, § 4. D. *Ad Leg. Jul. de adult.*

n'allait pas jusqu'à donner à la femme comme au mari l'action publique pour adultère. C'est ce que nous lisons dans la loi 1. C. *ad. leg. Jul. de adult.* La loi *Julia* a déféré à l'homme seul ce pouvoir d'accusation qui découle de la puissance maritale, et l'a refusé aux femmes.

Disons pour terminer ce qui a trait à l'adultère, que le mari ne pouvait accuser sa femme de ce crime et divorcer que lorsqu'il avait été commis par elle et de son consentement. Quand il y avait eu .. , le droit de répudiation n'était pas admis en faveur du mari.

La loi *Julia* considérait la répudiation de la femme adultère comme un devoir absolu pour le mari; s'il s'abstenait de la répudier après avoir eu connaissance de son crime, il était regardé comme *leno* et encourait les peines de son silence (1). Mais il fallait que le mari fût coupable de complaisance, et non pas seulement de négligence ou de crédulité.

Une autre déchéance frappait le mari qui fermait les yeux sur l'inconduite de sa femme et continuait à vivre avec elle; il ne pouvait plus la répudier.

Que faut-il penser de la réciprocité des torts? Elle n'était pas une fin de non-recevoir contre la demande de l'époux; seulement chacun d'eux était censé avoir donné lieu au divorce, de sorte qu'il s'opérait une compensation des droits pécuniaires

---

(1) L. 2 *Ad. Leg. Jul. de adult.* — L. 29. *Eod. tit.*

de chacun. C'est ainsi qu'il faut entendre le mot compensation du texte (1).

Telles sont les causes du divorce admises par les lois, et en dehors desquelles la répudiation était injuste. Il ne faudrait pas en conclure cependant que si une autre cause était invoquée, le mariage ne fût pas dissous : celui des deux époux qui répudiait injustement, encourait seul des peines pécuniaires.

Nous allons rechercher maintenant quelles personnes outre les époux pouvaient invoquer les causes que nous venons d'énumérer.

La première personne qui se présente naturellement à nous comme ayant sur ses enfants un droit qui n'appartient à aucune autre, c'est le père de famille. A-t-il le droit d'envoyer le *repudium* à son gendre? Les textes nous ont montré un cas, celui de la femme tombée en démence, où le père pouvait divorcer au nom de sa fille (2). Tant que l'autorité paternelle fut puissante et respectée, le père eut ce pouvoir. Mais il était trop exorbitant pour qu'il subsistât longtemps; les mœurs réclamaient cette réforme, qui passa bientôt dans la législation. Paul nous apprend (3) qu'Antonin le Pieux défendit au père de famille de rompre le mariage de sa fille quand il serait bien uni

---

(1) L. 39. D. *Solut. matrim.*
(2) L. 4. D. *De divort.*
(3) Sentences. Liv. V, tit. 6, § 15.

(*bene concordans*). Marc-Aurèle confirma cette décision, comme nous l'apprend un rescrit de Dioclétien et Maximien, inséré au Code (1). Cependant le droit du père restait intact quand il avait des motifs d'une gravité et d'une légitimité incontestables pour faire divorcer sa fille, par exemple, si elle est devenue folle (2). Ces mêmes Empereurs voulant venir au secours de la fille que son père aurait exhérédée pour n'avoir pas voulu quitter son mari, lui accordent la *querela inofficiosi testamenti*, qui fait tomber le testament du père (3).

Quant aux enfants émancipés, le père ne put jamais dissoudre leur mariage, de même que l'enfant n'avait pas besoin du consentement de son père pour le former.

Nous allons maintenant examiner la question de savoir si le père peut forcer son fils à divorcer, et renvoyer sa bru, comme il peut répudier son gendre. Les principes seuls nous conduiraient à la solution de la question, si Justinien dans sa Nov. XXII, chap. 19, ne nous enseignait qu'il vient de porter une loi d'après laquelle les enfants, quel que soit leur sexe, émancipés ou non, ne pourront rompre leur mariage au détriment de leur père et mère et sans leur consentement. Si

---

(1) L. 5, C. *De repud.*
(2) L. 4. D. *De divort.* — L. 29, § 9 D. *Solut. matrim.*
(3) L. 18. C. *De inoff. test.*

Justinien est l'auteur de cette règle, ont dit certains interprètes, c'est qu'elle n'existait pas avant lui. Avant cette époque le fils pouvait donc divorcer sans le consentement de son père. Ajoutons que les textes relatifs au divorce provoqué par le père ne parlent que du père qui veut répudier son gendre, et jamais de celui qui voudrait répudier sa bru.

Cujas et d'autres interprètes repoussent cette opinion qui ne paraît pas fondée, à savoir qu'avant Justinien le fils pouvait divorcer sans le consentement de son père. Au point de vue de la puissance paternelle, le fils est dans une position identique vis-à-vis du père à celle de la fille; comment admettre que celle-ci ait besoin du consentement de son père pour divorcer, et non le fils? Rappelons-nous que le fils de famille a eu pour se marier besoin du consentement de son père, comment aurait-il le droit de renvoyer seul une femme, qu'il n'a pu seul faire entrer dans sa famille? Quant au silence des textes sur le cas qui nous occupe, il s'explique très-simplement par cette considération que cela devait se présenter rarement. Le père en effet a reçu la dot de la femme; il aurait été obligé de restituer cette dot, ce qui est le premier effet du divorce, peut-être aurait-il dû supporter les peines du divorce injuste. La puissance dans l'ancien droit laissait si peu de place à la personnalité des enfants, dont la volonté s'effaçait devant la volonté toute puissante

du père, qu'il nous est impossible de croire Justinien quand il se vante d'avoir fait cette innovation.
On ne peut admettre qu'une de ces deux alterna-
tives : ou Justinien se glorifie d'une réforme qu'il
n'a pas opérée, ou le consentement du père, exigé
dans le principe pour le divorce du fils, était tombé
en désuétude, et l'Empereur crut devoir l'exiger à
nouveau.

Si jusqu'à présent dans ces explications nous
n'avons pas parlé du droit de la mère sur la dissolution du mariage de ses enfants, c'est que pendant
plusieurs siècles, elle n'eut aucun des attributs de
l'autorité paternelle. Puissante par l'influence toute
morale qu'elle exerçait dans la famille, la matrone
romaine n'avait qu'une capacité juridique à peu près
nulle. Jusqu'au règne d'Antonin le Pieux, elle ne
pouvait même pas succéder à ses enfants morts
sans postérité, quand elle n'était pas *in manu*. Le
sénatus-consulte Tertullien (1) fit disparaître cette
injustice. On comprend dès lors que n'exerçant pas
la *patria potestas*, elle ne put avoir jamais sur
le divorce de ses enfants un droit qui n'appartenait
au mari qu'en qualité de père.

Le père de famille n'avait pas seulement l'autorité sur sa femme et sur ses enfants ; elle s'étendait
encore sur ses esclaves, et lorsque l'affranchissement
venait mettre fin à cette puissance dominicale,

____

. is tit. Liv. III, tit. 3

toute relation juridique n'était pas rompue entre l'affranchi et son patron. Ce dernier conservait sur son affranchi les mêmes droits que sur ses enfants. Aussi, ne soyons pas étonnés qu'il puisse le faire divorcer, comme le père peut faire divorcer son fils et qu'il doive nécessairement consentir à son divorce. Paul fait cette assimilation dans ses Sentences (1).

La loi *Julia de marit. ordin.* édictait des règles spéciales pour le mariage du patron avec son affranchie. Le patron avait ce privilége que l'affranchie ne pouvait le répudier, tant que durait sa volonté de l'avoir pour femme (2). Plus tard ce privilége fut limité au cas où le patron lui aurait donné la liberté pour en faire son épouse, la reconnaissance que doit l'affranchie à son patron, s'opposant à toute répudiation de sa part. Mais quand il a affranchi son esclave en vertu d'un fidéicommis, le devoir de reconnaissance cesse, et l'affranchie a le droit de quitter son patron malgré lui sans être accusée d'ingratitude. Cette contrainte de l'affranchie n'a pas lieu, quand elle n'est que fiancée à son patron; elle peut le répudier, et se marier avec un autre (3).

Tant que la volonté du patron de vouloir son affranchie pour femme subsistera, elle ne pourra prendre un autre mari; mais dès que cette volonté

---

(1) Sentences. Liv. V, Tit. 6. § 15.
(2) L. 10. D. *De divort.*
(3) L. 45, § 4. D. *De rit. nupt.*
st. 152.

cessera, de quelque manière que ce changement
d'intention se manifeste, le patron perdra sur-le-
champ le privilége de la loi. La loi 11, § 2, *D. de
divort*, cite comme exemple l'accusation d'adultère
portée contre elle ; sa recherche d'une autre épouse
ou d'une concubine sont des manifestations suffisantes de la volonté du patron de ne plus vouloir
son affranchie pour femme. Il ne faudrait pas croire
toutefois que le *repudium* de l'affranchie fût sans
valeur ; il avait pour effet de la priver de l'action de
dot, de lui faire perdre la possession de biens *unde
vir et uxor*, puisqu'elle était divorcée, et elle n'avait
pas le droit de se marier ailleurs.

§ 3. *Effets du divorce.*

L'effet principal du divorce est de rompre le mariage, de sorte que chacun des deux époux peut contracter un nouveau lien. La loi romaine ne pré-
voyant pas les incertitudes qui pourraient résulter
d'un mariage immédiat de la femme, touchant la
filiation des enfants nés peu après une nouvelle
union suivant le divorce, n'imposait à la femme
aucun délai pour se remarier. Au contraire, la loi
Julia de marit. ord., dont le but était de pousser les
citoyens au mariage par des faveurs accordées aux
patres, frappait d'une pénalité la femme divorcée
qui ne s'était pas remariée dans les six mois ; mais

la loi Papia Poppæa étendit le délai à dix-huit mois (1).

Plus tard la règle change. Le délai de dix mois, imposé à la femme qui voulait se remarier après la mort de son mari, fut étendu au cas de divorce (2). Il avait pour but d'éviter la *perturbatio sanguinis*, comme dit Ulpien (3.) Cette nécessité d'assurer la filiation des enfants était l'unique motif de cette défense, puisque Pomponius décide dans la loi précitée, que si la femme met au monde un fils avant l'expiration des dix mois, elle pourra se remarier immédiatement.

Quand des enfants sont issus du mariage que le divorce vient de rompre, quel va être leur sort? A l'origine, où le père de famille absorbait tous les pouvoirs en lui, la loi n'avait pas cru pouvoir faire échec à cette puissance paternelle, et lui enlever ses enfants; aussi les gardait-il toujours avec lui quels que fussent ses torts. Plus tard Antonin le Pieux et Marc-Aurèle donnèrent au juge, sur cette question, un pouvoir discrétionnaire; ce fut lui qui décida qui doit des deux époux garder les enfants (4). Une constitution de Dioclétien et de Maximien consacre cette même règle (5).

Il pouvait se faire qu'au moment du divorce ou

---

(1) *Règles d'Ulpien*, tit. XIV.
(2) L. 2, C. *De secund. nupt.*
(3) L. 11, D. *De his qui nat. lib.*
(4) L. 133, L. 3, § 5, D. *De lib. exhib.*
(5) L. 1, C. *divort. fact. apud quem.*

quelque temps après, la femme se reconnut enceinte. « D'après le sénatus-consulte Plancien, la « femme qui se trouvait en cet état, devait dénon- « cer sa grossesse à son mari ou à son père dans le « délai de trente jours, afin qu'ils envoyent des « gardiens pour l'examiner et la surveiller. S'ils « l'ont fait, ils ne peuvent pas ne pas reconnaître « l'enfant. Lorsque la femme n'a pas dénoncé sa « grossesse, ou n'a pas reçu les gardiens du ventre, « il est loisible au père ou à l'aïeul de ne nourrir pas « l'enfant. Du reste, la négligence de la mère « n'empêche pas que l'enfant ne soit héritier sien « du père (1). »

Si, après le divorce, la femme nie qu'elle soit enceinte du fait du mari, celui-ci a le droit de nommer des gardiens au ventre et de faire l'enquête. Cinq sages-femmes sont chargées de cette mission; ce que déclare la majorité est tenu pour vrai. La sage-femme qui apporte un enfant étranger pour faire une supposition de part est, punie du dernier supplice. Telles sont les dispositions contenues dans un rescrit de Marc-Aurèle.

La loi 1, D. *de inspic. ventre* nous fournit des détails caractéristiques sur les précautions que l'on prenait à cette époque pour éviter les suppositions de part. Ces dispositions de l'édit du préteur, si minutieuses, sont une preuve de l'importance que les Romains attachaient à la paternité.

____

(1) Paul, *Sentences*, liv. II, tit. XXIV, § 5 à 9. — L. 1. D. *de agnose. et alend. lib.*

Nous avons vu quelsétaient les effets du divorce par rapport aux membres de la famille des époux ; il faut maintenant parler des peines pécuniaires qui frappaient l'époux coupable, soit d'avoir divorcé à tort, soit d'avoir provoqué le divorce par son inconduite (1). C'est ce que l'on appelle la théorie des *retentiones*, ou retenues sur la dot.

Qu'est-ce que la dot ? C'est ce que la femme ou quelqu'autre personne pour elle donne ou promet au mari, afin de l'aider à soutenir les charges du ménage. A la dissolution du mariage par le divorce, la cause pour laquelle la dot avait été constituée ne subsistant plus, elle doit être rendue. Il y avait à cette restitution un motif d'utilité publique. « Il « importe à l'Etat, disait Paul, que les femmes con- « servent leurs dots, pour qu'elles puissent se rema- « rier (2). » La multiplication des mariages et l'accroissement de la population, tels étaient les motifs qui avaient inspiré aux Romains les précautions les plus minutieuses pour la conservation de cette dot, qui devait permettre aux femmes divorcées de contracter de nouveaux liens.

A qui le mari doit-il rendre la dot en cas de divorce ? Ulpien (3) fait des distinctions sur ce point. La femme est-elle *sui juris*, elle a elle-même de son chef l'action en répétition. Est-elle sous la puissance

---

1) Fragm. Vatic., § 12.
2) L. 2, D. *de jure dot.*
3) *Règles*, tit. VI, § 6.

de son père, le père a l'action *rei uxoriæ*; mais il ne peut réclamer seul la dot de sa fille, il lui faut le concours de cette dernière, dérogation remarquable au principe que tout ce que le fils ou la fille de famille acquiert, est acquis au père.

A quel moment doit être faite cette restitution de la dot ? Il varie suivant la nature des choses dont elle se compose. « Si elle consiste, dit Ulpien, en « choses qui se déterminent par le poids, le nombre « et la mesure, elle doit être restituée en trois ter-« mes d'un an *(annuâ, bimâ, trimâ die)*, deux ans, « trois ans, à moins qu'il n'eût été convenu qu'elle « serait rendue aussitôt après la dissolution du « mariage. Les autres dots sont rendues sur le « champ (1) ».

Le mari ne rendait pas toujours la dot tout entière ; il avait quelquefois le droit d'en retenir une partie. C'est ce que l'on appelait les *retentiones*. Cette théorie nous ramène à la matière du divorce dont les retenues étaient les peines pécuniaires.

Ulpien (2) enumère cinq espèces de *retentiones* : 1° *Propter liberos*, — 2° *propter mores*, — 3° *propter res impensas*, — 4° *propter res donatas*, — 5° *propter res amotas*.

La *retentio propter liberos* a lieu lorsque le divorce arrive par la faute de la femme ou de son père, et qu'il y a des enfants issus du mariage. Le mari

---

(1) Ulp. *Règles*, tit. VI, § 8.
(2) *Ibid.*, § 2.

qui a les enfants à sa charge, peut retenir un sixième de la dot pour chaque enfant ; sans que ces retenues puissent excéder trois sixièmes. Remarquons que les retenues s'exercent par voie de rétention et non par voie d'action (1); d'où l'on conclut que si la dot promise n'a pas été livrée au mari, ou qu'il l'a rendue sans faire la retenue, son droit reste inefficace.

Il faut donc pour que le mari ait droit à cette retenue, que le divorce ait lieu par la faute de la femme ; car alors seulement elle mérite une peine. Cicéron nous dit dans ses Topiques(2): « Si le divorce a eu lieu « par la faute du mari, quoique ce soit la femme qui « ait envoyé le *repudium*, il ne faut pas que le mari « garde rien pour les enfants. » Et en effet on dit qu'un époux est en faute, quand par sa conduite, il a amené la nécessité du divorce, quoique ce soit l'autre époux qui ait signifié la répudiation. S'il n'y a rien à reprocher à aucun des époux, celui qui a envoyé le *repudium* sans motif est en faute.

Justinien, considérant comme injuste que l'entretien des enfants pesât sur les biens de la femme plutôt que sur ceux du mari, supprima la retenue pour les enfants.

La seconde rétention que peut faire le mari, résulte de l'inconduite de la femme (*propter mores*), et la loi mesurant l'importance de la retenue, à la gran-

---

(1) Ulp. *Règles*, § 10.
(2) Ch. IV.

deur de la faute, permet au mari deretenir un sixième pour l'adultère, qui est l'atteinte la plus grave à
la morale (*propter graviores mores*), et un huitième
pour un léger écart de conduite (*propter leviores
mores*). C'est Ulpien qui nous donne cette classification (1).

Telle est la punition de l'inconduite de la femme;
celle du mari ne restait pas sans châtiment. Nous
avons dit que le mari qui avait reçu une dot consis-
tant en choses fongibles : pièces de monnaie, den-
rées, etc., avait un certain délai pour la restituer
à la dissolution du mariage. Quand il était coupable,
d'une faute grave, il devait la rendre sur le champ;
et de six mois en six mois, s'il n'avait commis
qu'une légère faute (2). Si la dot était de celles que le
mari devait rendre sur le champ après le mariage,
il était obligé de restituer, outre les choses dotales,
une quantité de fruits correspondant au temps dont
la restitution était avancée.

Ces peines pouvaient être prononcées par une
action spéciale, le *judicium de moribus*, donné à
l'autre époux contre l'époux coupable, de sorte que
cette *retentio* pouvait s'exercer tant par voie d'action
que par voie d'exception. Le mari avait-il restitué, il
pouvait encore réclamer la *retentio propter mores*
pour inconduite de sa femme, et la femme pouvait

----

(1) Ulpien, *Règles*, tit. VI, § 12.
(2) *Ibid.*, tit. VI, § 13.

réclamer un supplément de restitution, si le mari avait des torts à se reprocher.

Ici se présente une difficulté qui a divisé les interprétes. Il s'agit du cumul de la *retentio propter liberos* et de celle *propter mores*. Voici comment le cas peut se présenter. Un mari qui a des enfants, demande le divorce pour cause d'adultère de sa femme. Il a droit à une retenue sur la dot à cause des enfants. Peut-il opérer une seconde retenue *propter mores ?* Ou bien faut-il dire que la *retentio* déjà opérée emporte l'exclusion du droit d'en opérer une autre ? Le texte qui semble résoudre la question est celui-ci ; seulement les interprètes ne sont pas d'accord sur le sens à lui donner.

Ulpien (1) dit: « *Dos que semel functa est, amplius* « *fungi non potest, nisi aliud matrimonium sit.* » La « dot qui une fois a rempli sa fonction, ne peut la « remplir une seconde fois, à moins qu'il n'y ait un « nouveau mariage. »

Cujas et Schülting expliquent ce texte ainsi : La dot qui a cessé d'être dot, ne peut le redevenir si ce n'est pour un nouveau mariage. Compris ainsi, le texte est étranger à la question qui nous occupe. Suivant Hugo, ce texte signifierait qu'une dot qui a subi une *retentio*, ne peut en subir une seconde, qui a une cause semblable comme la *retentio propter liberos* et celle *propter mores :* exercées à la fois,

---

(1) Règles. Tit. VI § 11.

ces deux retentions infligeraient à une seule faute une double peine.

Pour quel système faut-il opter entre ces opinions si diverses ? M. Pellat (1), après avoir exposé la controverse, et examiné les interprétations des Romanistes allemands, conclut cette discussion par ces paroles qu'on nous permettra d'emprunter: « Aucune de ces explications ne me paraît, je ne « dirai pas assez bien établie, mais même assez « plausible pour que je l'adopte. C'est un de ces cas « où il faut se résigner à ignorer, jusqu'à la décou- « verte de quelque nouveau texte. »

Disons en terminant, que Justinien abolit *la retentio ob mores* et l'action *de moribus* qui étaient déjà tombées en désuétude.

C'est à ces *retentiones* que fait allusion Papinien (2) en parlant de la compensation qui doit s'opérer dans les fautes des époux. Quand ils se reprochent leur conduite réciproque, la *retentio* n'a lieu d'aucun côté, et les torts sont effacés par une mutuelle culpabilité.

La troisième cause de rétention sur la dot, ce sont les dépenses faites par le mari au sujet des choses dont elle se compose. Ulpien en distingue trois espèces : Les dépenses nécessaires, utiles et voluptuaires. Les premières sont celles dont l'omission détériore-

---

(1) Textes *sur le dot.* p. 37.

2. L. 39 D. *Solut. matrim.* — L. 47, *cod. tit.*

rait la dot; le mari peut donc les retenir, car sans
elles la dot serait rendue amoindrie (1).

Les impenses utiles sont celles dont l'omission ne
compromettrait pas la dot, mais dont l'exécution l'a
rendue plus productive. Le mari les retiendra, si
elles ont été faites du consentement de la femme.
Dans le cas contraire, le mari ne pourra se les faire
rembourser que si elles ne sont pas trop onéreuses
pour la femme (2).

Quant aux dépenses voluptuaires, elles, ne donnent
lieu ni à aucune action, ni à une rétention de la part
du mari, quand même la femme y aurait consenti.
Cependant, si celle-ci ne les rembourse pas au mari,
il est de toute justice qu'elle souffre l'enlèvement
de ces objets, pourvu qu'il soit possible sans préjudice pour elle (3).

La quatriè ne cause de rétention se trouve dans
les donations que le mari a faites à sa femme. Ulpien (4), après avoir posé le principe que les donations entre époux sont interdites, met une exception;
c'est que la donation est valable, quand elle est faite
en cas de divorce. Le mariage à cette époque n'exis-
tera plus et on ne peut craindre les abus d'influence, quand les époux sont au moment de se séparer.

Hors ces cas exceptionnels, le mari donateur qui

(1) Ulpien, Règles, tit VI, § 14-15.
(2) L. 8, D. D: injuries in. rvs. dot. fact.
(3) L. 9 cod. tit.
(4) Règles. Tit. VII. § 1.

veut reprendre ce qu'il a donné, le peut soit par la
revendication, si les choses existent encore, soit par
la *condictio sine causâ*, si la chose n'existe plus.
Enfin il peut retenir la valeur des objets donnés sur
la dot.

La cinquième cause de rétention est la soustrac-
tion qu'un époux a commise de choses apparte-
nant à son conjoint. La nature du lien qui unit les
époux avait paru répugner à l'admission entre eux de
l'action de vol à cause de son caractère infamant.
On s'était contenté de donner à l'époux victime une
action pour les choses détournées (*rerum amotarum*),
par laquelle il pouvait rentrer en possession des
objets enlevés. Le mari avait le droit d'user de la
rétention sur la dot, si sa femme s'était rendue coupable de détournement. Le mari en était aussi
tenu.

Telle est la législation qui régit le divorce pendant plus de trois siècles. Malgré les efforts
d'Auguste pour moraliser le peuple et le ramener au
mariage, la corruption avait fait de nouveaux progrès. Quoique de graves incapacités frappassent les
femmes condamnées pour adultère, au dire de
Dion Cassius, il y avait trois mille accusations d'a-
dultère lors de sa promotion au Consulat.

Nous ne ferons pas un tableau des mœurs de cette
époque. Nous ne parlerons pas des femmes qui
comptaient leurs années non plus par le nombre des
consuls, mais celui de leurs maris. En effet, les
causes de divorce n'étant pas limitées, les motifs

les plus futiles furent mis en avant pour rompre le lien conjugal; les peines du divorce injuste n'eurent pas le pouvoir d'arrêter la licence de la société Romaine.

Pour caractériser cette époque, d'un mot, qu'on nous permette de citer cette inscription mise sur le tombeau d'une femme.

Conjugi, piæ, inclytæ, univiræ.

« A une épouse pieuse, illustre, et n'ayant jamais « eu qu'un mari. »

Ainsi l'on en était arrivé à louer une femme, parce qu'elle n'avait eu qu'un seul mari; ce fait était si extraordinaire, qu'on mettait ce titre de gloire sur son tombeau pour en perpétuer le souvenir, jusque dans les siècles futurs. Ces quelques mots dépeignent toute une époque.

TROISIÈME PARTIE.

DE CONSTANTIN A JUSTINIEN.

Après trois siècles de persécution, le Christianisme sortit victorieux des catacombes, et devint
bientôt avec Théodose Ier la religion de l'Etat (1)
(380).

Au contact des idées nouvelles, l'ancienne jurisprudence romaine se transforme. Au lieu de ces
lois poussant les citoyens au mariage, la supério-
rité du célibat est proclamée ; au lieu de ces libertés
scandaleuses du divorce, le mariage est déclaré indissoluble. Les évêques remplacent dans les conseils du prince les philosophes, et dans chaque
constitution de cette époque, on sent leur influence
puissante et respectée. C'est sous leur inspiration
qu'en 331 Constantin par une constitution (2) interdit le divorce par consentement mutuel, n'osant
proclamer le mariage indissoluble. La réforme eût
été trop radicale pour qu'il osât la tenter. Aussi,
s'il n'abolit pas directement la répudiation et le divorce, du moins il en augmenta les peines pécuniaires, et ne les toléra que dans des cas graves et
limités. L'Eglise considérait ce devoir de fidélité

---

(1) L. 1, C. liv. 1.
(2) L. 1, C. Théod. III, 14.

imposé également aux deux époux : les constitutions impériales voulurent que l'égalité régnât dans
les droits comme dans les devoirs, et que chaque
époux eut le droit de divorcer dans les mêmes
limites (1).

Désormais les époux ne furent plus admis à divorcer que dans trois cas : Le mari pouvait renvoyer sa femme quand elle était adultère, s'adon-
nait aux maléfices, au proxénétisme ; la femme pouvait répudier son mari, quand il était coupable
d'homicide, de violation de tombeaux et d'empoisonnement. Si elle divorçait hors de ces cas, elle
laissait à son mari tout ce qui lui appartenait jusqu'à son aiguille de tête (*acuculam capitis*), et était
déportée dans une île. La mauvaise conduite du
mari, n'était pas un motif suffisant de divorce.
Quand ce dernier renvoyait sa femme pour tout
autre motif que les trois cas énumérés, il devait lui
restituer sa dot, et ne pouvait se remarier sous
peine de voir envahir sa maison, et sa femme s'em-
parer de la dot de la seconde épouse.

Tel est le premier acte législatif inspiré par
l'Eglise. Quoique le principe de l'indissolubilité n'y
fut pas proclamé, la réforme était déjà bien grande,
si on en juge par la résistance qu'elle rencontre.

La constitution de 331 laissait une lacune à combler. La femme du soldat disparu, ne se trouvait
dans aucun cas de divorce et était condamnée par

---

(1) L. 2, *cod. tit.* — Nov. XXII, CXVII, CXXXIV, ch. II.

là à un veuvage indéfini, tant qu'il n'y avait aucune certitude sur la mort de son mari. Cette situation demandait une réforme. Constantin, par une nouvelle constitution (337), insérée au Code de Justinien (1), décida qu'à l'avenir, après quatre ans d'attente, la femme du soldat pourrait se remarier, sans s'exposer aux peines du divorce injuste, à la condition d'avoir averti son chef.

Ces réformes de Constantin rompaient trop radicalement avec les habitudes du vieux monde païen pour être acceptées sans protestation. Les résistances furent énormes; aussi en 421 Théodose et Honorius furent obligés d'apporter des adoucissements à la législation nouvelle (2).

Désormais la femme qui envoie le *repudium* sans cause légitime perd sa dot, ainsi que la donation antenuptiale et est déportée sans espoir de jamais pouvoir se remarier. Le mari dans le même cas perd la dot et la donation antenuptiale et est condamné à un célibat perpétuel. On le voit le châtiment de la femme est plus grave, puisqu'outre les peines pécuniaires qui sont les mêmes pour les deux époux, la femme est déportée.

Dans le cas de divorce pour cause d'adultère, le mari est bien moins puni que la femme, car il peut se remarier après deux ans, et tout en rendant la dot, il conserve la donation; la femme qui y a

_____

(1) L. 7, C. de repud.
(2) L. 1, de repud., C. th.
st. 152.

donné lieu par son inconduite perd la dot et la donation antenuptiale, et en outre ne peut plus se remarier.

Quand le mari a commis un faute honteuse, qui
est la cause du divorce, la femme reprend sa dot et
bénéficie encore de la donation antenuptiale; elle
peut se remarier après cinq ans. Quand le mari est
forcé de répudier sa femme dans le même cas, il
garde la dot et la donation et a le droit de se remarier aussitôt.

Observons que dans les cas où le mari rend la dot,
il opère les retenues *propter liberos* dont nous avons
déjà parlé.

Cette réforme, malgré les adoucissements qu'elle
apportait au droit de Constantin, ne convenait pas
au tempérament du vieux monde païen; les vices
étaient trop enracinés pour qu'on pût les extirper
si vite. Aussi, Théodose et Valentinien III furent-
ils obligés de faire retour aux anciennes idées, et
de rétablir la liberté du divorce. Mais dix ans plus
tard, en 449, ces mêmes empereurs dans une constitution, qui forme au Code Justinien la loi 8, *de repud.*
reviennent au droit de Constantin en limitant les
causes du divorce : « Considérant, disent-ils, le di-
« vorce comme un remède funeste, mais nécessaire
« *infaustum tamen necessarium auxilium,* » ils ne
l'accordent que dans le cas où les époux sont pressés
par la nécessité, et en le restreignant dans de justes
limites.

Suit une énumération des causes que la femme

peut invoquer : si elle découvre que son mari est homicide, adultère, ou empoisonneur, qu'il conspire contre l'Etat, qu'il est coupable de faux ou de violation de sépulture, qu'il est voleur ou recéleur, qu'il a enlevé des bestiaux, ou vendu des personnes libres; qu'il entretient des relations scandaleuses avec des femmes de mauvaises vie sous ses yeux; qu'il a cherché à la tuer par le poison, le fer ou tout autre moyen, qu'il l'a frappée, dans tous ces cas, la femme pouvait obtenir le divorce.

Le mari ne pouvait de son côté répudier sa femme sans causes indiquées dans la constitution et qui sont à peu près les mêmes que celles que nous venons de voir admises en faveur de la femme. Il ne pouvait répudier sa femme que si elle était adultère, empoisonneuse, homicide, recéleuse d'esclaves, si elle avait enlevé des objets sacrés d'une église, ou profané des tombeaux, si elle s'était rendue complice de brigands ou si, contre le gré de son mari ou à son insu, elle avait mangé avec des étrangers, passé la nuit hors de chez lui contre sa volonté et sans excuse, si malgré sa défense, elle avait assisté aux jeux du cirque ou aux spectacles, si elle avait tenté de donner la mort à son mari par le poison ou le fer, si elle avait eu connaissance de complot contre l'Etat, si elle avait été mêlée à une accusation de faux, si elle avait l'audace de lever la main sur son mari; tous ces faits, une fois prouvés par le mari, il pouvait la répudier.

La femme a-t-elle envoyé le *repudium* hors des

cas prévus, elle perd la donation antenuptiale et sa dot ; elle ne peut se remarier de cinq ans. Si malgré cette interdiction, elle se remarie avant le délai, elle encourt l'infamie, et son mariage est nul. Au contraire, divorce-t-elle régulièrement, elle reprend sa dot, gagne la donation et peut se remarier après un an. Remarquons que ce délai n'est pas une peine ; les Empereurs ont eu soin d'ajouter *ne quis de prole dubitet*, afin qu'il n'y ait pas d'incertitude sur la filiation d'un enfant qu'elle mettrait au monde après un nouveau mariage immédiat.

Le mari qui accuse sa femme avec juste motif garde la dot et la donation antenuptiale et peut se remarier sur-le-champ ; sans motif, il rend la dot et perd la donation antenuptiale. Dans les deux cas un mariage immédiat lui est permis.

Dans l'hypothèse d'un adultère, de lèse-majesté, de coups, les époux peuvent prouver les faits allégués, par le témoignage de leurs esclaves pubères des deux sexes soumis à la torture. La loi ajoute : si les autres moyens de preuves font défaut.

Dans le cas où il existe des enfants du mariage, l'époux qui tire un profit du divorce doit le leur conserver après sa mort ; il ne pourrait ni aliéner, ni hypothéquer, ni échanger la donation ou la dot.

Cette constitution dont nous venons de donner l'analyse étendait les causes du divorce, et adoucissait les peines du divorce injuste ; elle ne fut cependant pas acceptée tant les racines des vieilles doctrines romaines étaient encore profondes. Toutes ces transactions avec le vice n'eurent aucun succès ; cependant les Empereurs ne s'arrêtèrent pas dans cette voie de concession. Théodose, nous l'avons vu, avait aboli le divorce par consentement mutuel, en 497, Anastase le rétablit (1). Si pendant le mariage les époux divorçaient d'un commun accord, sans invoquer aucune des causes énumérées dans les Constitutions précédentes, la femme n'était plus obligée d'attendre cinq ans pour se remarier, mais elle pouvait le faire après une année.

Nous nous trouvons maintenant en présence de Justinien. Le grand législateur a édicté de nombreuses dispositions sur le divorce, les unes n'étaient qu'un retour vers le passé, les autres en modifiaient les causes et les effets. On voit par ces dispositions se succédant à de si courts intervalles, les efforts que faisait ce prince pour mettre en pratique les principes de l'Eglise sur l'indissolubilité conjugale, et en même temps son impuissance pour réagir contre l'affaissement des mœurs.

Justinien (2) s'occupa des mariages qui avaient été contractés sans dot, et donna une sanction qui leur manquaient, car les peines pécuniaires ne pouvaient pas leur être appliquées. Il disposa que si le mari chassait sa femme de sa maison sans cause, ou si lui-même fournissait une cause au divorce, il

---

(1) L. 9, C. de repud.
2) L. 11, § 1, C. de repud. — Nov. XXII, ch. 18.

était forcé d'abandonner à sa femme le quart de sa fortune, déduction faite des dettes, sans que ce quart puisse excéder cent livres d'or. La femme qui répudiait son mari sans cause raisonnable ou donnait lieu au divorce, était soumise aux mêmes peines. Et si le divorce avait lieu par la faute de la femme, elle devait attendre cinq ans avant de se remarier; par la faute du mari ou *bona gratiâ*, elle le pouvait après un an.

Dans le § 2 de cette même loi, Justinien étend le cercle des causes du divorce. Il est encore permis si la femme se fait avorter volontairement, si elle est assez éhontée pour aller aux bains avec des hommes débauchés, ou si, étant encore mariée, elle recherche un autre époux. C'est dans ce même § 2 que Justinien abolit le *judicium de moribus* tombé depuis longtemps en désuétude; il fait également disparaître les anciennes *retentiones* devenues inutiles (1).

Quant à l'impuissance du mari, *la L. 10 de répud.* l'admet comme cause de divorce: la femme a le droit de l'invoquer si elle s'est prolongée pendant deux ans. La Novelle XXII (2) étend le délai jusqu'à trois ans. La femme reprend sa dot, mais le mari garde la donation antenuptiale. C'est bien le moins; car le mari n'est coupable d'aucune faute.

Justinien ne reconnaît aux époux le droit de bri-

---

(1) L. 5, *C. de rei uxor act.*
(2) Chap. VI.

ser le mariage par consentement mutuel que dans un seul cas; quand ils se séparent pour embrasser la vie religieuse. Il assimile à la mort l'état de celui qui a émigré vers une vie meilleure, et tire des conséquences de cette assimilation. Le gain stipulé lors du contrat pour le cas de décès, revient à l'époux abandonné par son conjoint. La femme reprend donc sa dot, et gagne la donation, si c'est le mari qui quitte le monde. Si c'est la femme qui entre dans un monastère, le mari retient la donation *propter nuptias* et les bénéfices stipulés en cas de décès. Enfin, renoncent-ils tous deux au mariage, la femme reprend sa dot et le mari garde la donation. Sauf ce cas, le divorce par consentement mutuel n'est pas permis (1). On sent bien ici l'influence des idées chrétiennes; nous sommes loin des lois Julia Papia Poppœa qui punissaient les célibataires pour encourager au mariage. Sous Justinien, c'est le célibat qui est privilégié et honoré.

Autrefois la captivité rompait le mariage, et le *postliminium* ne suffisait pas pour le rétablir; il fallait un nouveau consentement des conjoints (2). Justinien fait une innovation sur ce point. « Nous plaçant, dit-« il, à un point de vue plus humain, tant qu'il est cer-« tain que le captif est encore vivant, nous autori-« sons le maintien du mariage. En conséquence, « ni l'homme ni la femme ne pourront contracter

----

(1) Nov. CXXXIV, ch. XI.
(2) L. 1, D. *de divort.*

« une nouvelle union si ils ne veulent paraître avoir
« fait un acte téméraire et encourir pour cela une
« peine: pour le mari, la perte de la donation an-
« tenuptiale, pour la femme la perte de sa dot.
« Mais s'il y a incertitude sur l'existence du captif,
« le conjoint attendra cinq ans, et, passé ce délai,
« il pourra se marier sans danger, c'est-à-dire qu'il
« n'encourra aucune peine (1).

L'Empereur Léon (2) dérogea à cette constitution
de Constantin en défendant à l'époux resté dans la
cité de se remarier tant qu'il n'aurait pas la preuve
de la mort du conjoint captif. La sanction de cette
disposition était dans les peines portées par les
constitutions pour divorce injuste, et en outre l'é-
poux captif revenait dans sa patrie et trouvant son
conjoint remarié, pouvait rompre le second mariage.

Il faut savoir gré à Justinien d'avoir fait disparaître une iniquité consacrée par l'ancien droit.
Autrefois, un homme condamné aux mines voyait
son mariage dissous. Justinien supprima cette ser-
vitude résultant d'une peine infamante, et permit
au mariage de subsister comme existant entre deux
personnes libres (3).

Constantin avait décidé que la femme du soldat
disparu sous les armes pourrait, se remarier après
avoir attendu quatre ans, et avoir averti le chef sous

____

(1) Nov. XVII, ch. VII, L. 1, D. de divort.
(2) Nov. XXIII.
(3) Nov. XXII, ch. VIII.

lequel servait le soldat (1). Justinien estimant que
« c'est un malheur aussi grand pour le soldat d'être
« privé de sa femme que d'être pris par l'ennemi(2) »
éleva le délai à dix ans, pendant lesquels la femme
devait écrire souvent à son mari ou lui faire parler.
par quelques personnes. Si le mari ne donnait pas
signe de vie. alors la femme peut lui faire signifier le
libelle, ou au chef sous le commandement de qui se
trouvait le soldat.

Plus tard par sa novelle CXVII ch. II. Justinien
décide que la femme d'un soldat en expédition doit
l'attendre sans se remarier, quelque soit le temps
écoulé, jusqu'à ce qu'elle ait la preuve de sa mort.
Si elle en a reçu la nouvelle, elle doit aller trouver
les premiers officiers du corps ou servait son mari,
et leur faire jurer qu'ils croient sa mort certaine.
Après le laps d'un an, la femme peut alors se remarier. Le chef qui aurait fait un faux serment sera
puni, et le soldat de retour aura le droit de reprendre
sa femme.

Nous avons vu Justinien adopter comme causes
de divorce, celles qui précédemment avaient été in-
troduites dans la constitution de Théodose et Valentinien, nous l'avons vu en ajouter trois autres
nouvelles (3), il ne tarda pas à s'apercevoir qu'en
étendant le cadre des causes du divorce, et en don-

---

(1) L. 7, C. *de repud.*
(2) Nov. XXII, ch. IX.
(3) Nov. XXII, ch. VI, 14. 15.

nant des facilités plus grandes pour rompre le lien matrimonial, il avait aggravé un mal que la loi a mission de réprimer, le discrédit du mariage. Il voulut revenir en arrière, et modifier son œuvre.

Dans sa novelle CXVII, il réduisit à six les causes de divorce au profit du mari, et à cinq celles que la femme pourrait invoquer contre son mari (1). Nous ne les énumérerons pas pour ne pas revenir sur un point déjà traité.

Il nous reste à parler des peines pécuniaires nouvelles destinées à remplacer les anciennes *retentiones*, et qui frappaient soit l'époux coupable d'avoir donné lieu au divorce, soit l'époux qui avait injustement répudié son conjoint. Justinien inaugura cette nouvelle pénalité dans sa novelle CXVII (2).

La femme qui divorçait sans cause perdait sa dot que le mari avait en toute propriété, s'il n'y avait pas d'enfants issus du mariage, et en usufruit seulement, dans le cas contraire. Elle était en outre enfermée dans un monastère pour le reste de sa vie. Sa fortune était aussi divisée, deux tiers à ses enfants, si elle en avait et un tiers au monastère. A défaut d'enfants, deux tiers au monastère et un tiers à ses parents. Enfin si elle n'avait ni parents ni enfants, la totalité de ses biens allait au monastère. Il en était de même quand les parents avaient con-

---

(1) Ch. IX.
(2) Ch. XIII.

senti au divorce injuste; ils perdaient ce tiers à eut dévolu.

Le mari qui répudiait injustement sa femme devait rendre la dot et fournir la donation, en outre donner à la femme une portion de ses biens égale à un tiers de la dot. Mais s'il y avait des enfants, la femme n'acquérait sur ces biens et ce tiers pris dans le patrimoine du mari qu'un simple droit d'usufruit.

Il pouvait arriver que la femme fut sans dot; répudiée sans motif, elle prenait un quart des biens de son mari, s'il n'y avait pas plus de trois enfants, et une part virile s'il y en a davantage. Elle n'avait que l'usufruit de cette portion dont la nue-propriété appartenait aux enfants (1). C'est ce qu'on appelle la quarte de la veuve pauvre.

L'adultère des époux influait notablement sur la peine prononcée par la loi contre eux (2). La femme convaincue d'adultère perdait sa dot, la donation anténuptiale, et donnait au mari sur ses biens un tiers de cette dot; le mari avait l'usufruit ou la nue propriété, suivant qu'il y avait ou non des enfants du mariage. Mais si celui-ci ne pouvait triompher dans cette accusation d'adultère, la femme avait le droit de lui signifier le divorce pour calomnie, et de reprendre sa dot; elle gagnait la donation anténuptiale et se faisait donner sur le reste des biens du mari une portion égale

---

(1) Nov. CXVII, ch. V.
(2) Ibid., ch. VIII, § 2.

à un tiers de la donation. Les enfants avaient en ce cas la nue propriété des biens provenant de la fortune de l'autre époux. Ces mêmes peines frappaient le mari convaincu d'adultère (1).

Le chapitre X de la même novelle dispose que si des époux, ayant divorcé à l'amiable pour vivre dans la continence, se mariaient ensuite ou se jetaient dans la débauche, la presque totalité des biens de l'époux coupable ou des deux époux, s'ils l'étaient tous deux, devait être attribuée aux enfants issus du mariage, et un administrateur de ces biens devait être nommé par le juge compétent. A défaut d'enfants, ces biens passaient au fisc. Nous savons que c'était le seul cas, celui où les époux se séparaient pour entrer dans la vie religieuse, qui donnait lieu au divorce *bonâ gratiâ*.

Les violences et les brutalités du mari envers sa femme ont cessé d'être une cause de répudiation. « Si quelqu'un, dit Justinien, frappe son épouse à « coups de fouet ou de bâton, nous ne permettrons « pas que le divorce ait lieu, le mariage subsiste « donc et l'homme qui a frappé sa femme sans « cause qui permette la répudiation, devra pour « cette injustice une indemnité équivalente au tiers « de la donation anténuptiale » (2).

Pour terminer l'exposé de la législation de Justinien sur le divorce, il ne nous reste plus qu'à

---

(1) *Ibid.*, ch. IX, § 4 et 5.
(2) *Ibid.*, ch. XIV.

parler du sort des enfants, quand les pères et mères
se séparent (1). Le pouvoir discrétionnaire du juge
est supprimé et remplacé par une disposition formelle de la loi. Si la mère a donné lieu au divorce,
c'est le père qui doit garder les enfants et les élever
auprès de lui, et, en cas d'insuffisance de ses ressources, il doit demander à la mère de subvenir
aux dépenses de cet entretien. Si le père est en
faute, la mère garde les enfants auprès d'elle, et les
élève aux frais du père, à moins qu'elle ne soit remariée.

Nous venons de voir dans son ensemble la législation de Justinien; nous y avons senti l'influence
des idées chrétiennes : le célibat mis en honneur,
le divorce amiable permis dans le seul cas où les
époux se vouent à la vie religieuse, la répudiation
autorisée dans les cas particulièrement graves qui
ne permettaient pas de soupçonner chez les époux
des pensées contraires à la chasteté. Si l'indissolubilité du mariage n'est pas proclamée, c'est par
condescendance pour les idées du temps.

Le droit romain ne devait pas périr avec l'empire romain; les barbares s'inclinèrent devant son
autorité. C'est du mélange du droit romain avec les
coutumes barbares qu'est sorti notre droit natio-

___

(1) *Ibid.*, ch. VII.

aal. Un écrivain du IV° siècle, l'auteur des *Consti-*
tutions apostoliques, faisait dire aux apôtres :
« Nous n'avons pas été seuls choisis de Dieu pour
« répandre la lumière et la justice dans le monde;
« il a voulu la faire briller et resplendir parmi les
« Romains. »

ANCIEN DROIT

Notre ancien droit n'a pas une origine unique : divers éléments concoururent à sa formation. Ce fut d'abord le droit romain qui vint modifier les coutumes gauloises ; puis les Francs envahissant la Gaule apportèrent leurs lois nationales. Mais à peine établis sur notre sol, ils rencontrèrent l'Eglise qui sut faire pénétrer dans leurs mœurs et leurs institutions les préceptes nouveaux qu'elle avait mission d'enseigner, et dont nous avons constaté l'influence dans la législation romaine des derniers siècles. Chacun de ces éléments laissa son empreinte particulière sur notre droit ; mais celle des idées chrétiennes fut la plus durable, et dans aucune branche de nos institutions ses traces ne sont plus visibles que dans la constitution de la famille.

Il était naturel qu'en s'occupant de la famille, l'Église ne laissât pas de côté ce qui la fonde, le mariage, et par une conséquence logique, qu'elle règlementât la rupture du lien conjugal. C'est ainsi que nous sommes amenés à esquisser à grands traits la législation de l'Église touchant le divorce, législation qu'elle a transmise dans notre droit civil ancien. Qu'on nous permette d'abord de donner quelques notions sur cette institution chez les Gaulois et chez les Francs.

Si nous en croyons le témoignage de César, (1) les Gaulois avaient des mœurs très-pures. Le mari, concentrant entre ses mains tous les pouvoirs dans la famille, était investi d'un droit de vie et de mort sur sa femme. Remarquons que César, qui nous décrit avec détail le contrat pécuniaire intervenant entre les époux, ne cite comme cause de dissolution du mariage que la mort de l'un d'eux. Faut-il dire que le divorce n'existait pas dans la législation de nos pères? Non, ce serait méconnaître le caractère si absolu de la puissance maritale chez les peuples primitifs que de refuser au mari le droit de répudier sa femme. Ce ne serait pas là du reste un trait particulier aux mœurs celtiques; nous avons constaté cette omnipotence du mari chez les Romains, et nous la retrouverons bientôt dans la loi de Moïse. C'est que dans ces temps primitifs où la force était considérée comme la source de tout droit, les membres de la famille sans défense sentaient le besoin de se grouper autour d'un chef puissant qui pût les protéger contre les atteintes du dehors, et abdiquaient toute liberté devant lui. De là ce type à peu près identique de la famille chez tous les peuples de l'ère patriarcale.

Les Francs arrivent en Gaule apportant les coutumes de la Germanie. Tacite, dans le tableau qu'il

(1) Comment., VI, § 19.

nous fait des mœurs des Germains, nous montre pratiqué chez eux le principe de l'indissolubilité du mariage. « Ils se contentent d'une seule femme, « nous dit-il, à l'exception de quelques grands qui « en prennent plusieurs, non par déréglement, « mais pour ajouter à leur noblesse par ces allian- « ces » (1). Malgré cette exception, la monogamie était la règle générale. « La femme Germaine, dit encore Tacite, n'a qu'un seul mari, comme elle n'a qu'un seul corps et qu'une seule vie. » (2). Le devoir de fidélité imposé aux deux époux avait une sanction; à la femme adultère était réservé le plus igno- minieux supplice; le mari coupable poursuivi par tous les membres de la famille de la femme, à cause de la solidarité des proches parents, devait leur payer une composition.

« Mais le jour où la tribu Germaine, abandonnant « ses forêts, vint s'établir dans les cités Latines, les « lois changèrent comme ses mœurs » (3). Au contact d'une civilisation raffinée et corrompue, ils perdi- rent ces vertus qui avaient fait l'admiration de Ta- cite. Ce qu'il y a de certain, c'est qu'à peine éta- blis sur le territoire de l'empire, les Alamans, Ba- varois, Burgondes, Francs, Lombards, Wisigoths pratiquèrent le divorce.

Quoique les lois Salique et Ripuaire des Francs

---

(1) Tacite, *De morib. germ.*. XVIII.

(2) *Ibid.*, XIX.

(3) Gide, *Condit. privée de la femme*, p. 381.

st. 152.

6

ne fassent pas mention du divorce, il est incontestable qu'il était pratiqué chez eux ; car dès la conversion de Clovis au Christianisme, on voit l'Église faire des efforts pour réprimer les abus sur ce point. Les barbares se trouvaient alors en présence de la législation romaine qui admettait encore le divorce par consentement mutuel ; il n'est pas douteux que ces lois aient eu une grande influence sur leurs coutumes nationales.

La loi des Burgondes ou loi Gombette (517) donnait au mari le droit de répudier sa femme pour les mêmes causes que celles admises dans la constitution de Constantin. Mais s'il la renvoyait injustement, il devait lui payer douze sols d'or, le double du *pretium nuptiale*, c'est-à-dire des présents que le fiancé faisait aux parents de la fiancée, et qui étaient le prix du *mundium*. Il lui abandonnait en outre sa maison et tout ce qu'elle contenait.

Il résulte des diverses formules que nous a conservées Marculphe, que pendant tout le VIIe siècle, le divorce fut admis dans la législation civile. Cependant l'Eglise avait déjà lancé ses foudres spirituelles contre le divorce, et depuis que Clovis s'était incliné sous la main du pontife, il était intervenu entre l'Eglise et l'Etat une union si intime, qu'un chroniqueur du temps a pu dire en parlant des hauts faits des Francs : « *Gesta Dei per Francos.* »

Malgré cette union, l'Eglise lutta en vain pour faire triompher le principe de l'indissolubilité du mariage. En effet, le caractère des ces hommes à demi barbares, à peine chrétiens, n'était fait pour supporter aucun frein; incapables de se plier sous le joug de la discipline, ils n'étaient pas d'humeur à reculer devant un texte des pères de l'Eglise, quand ce texte venait contrarier leurs passions.

Il est donc nécessaire maintenant de rechercher quelles étaient les règles du droit canonique que l'Eglise chercha à faire entrer dans notre ancien droit civil, et sur quel fondement reposait cette nouvelle doctrine de l'indissolubilité conjugale.

Jésus-Christ, en apportant au monde sa doctrine et sa morale, se trouva en présence de la loi Mosaïque, qu'il ne voulait pas, disait-il, abroger, mais compléter et perfectionner. La répudiation chez les Juifs était permise au mari seul, sans que les causes qui l'autorisaient fussent limitées par les dispositions légales (1). Quand la femme n'avait pas trouvé grâce devant son mari, et que celui-ci avait fait un libelle de répudiation, le lui avait mis dans les mains et l'avait chassée de chez lui, elle recouvrait sa liberté et pouvait se remarier. Les mœurs seules étaient capables d'empêcher des répudiations injustes; aussi quand elles se furent relâchées, on vit les époux se séparer pour les causes les plus futiles. « Une femme a-t-elle servi à son « mari, à l'insu de celui-ci, une nourriture qui n'a « pas payé la dîme? A-t-elle, dans un moment

(1) *Deut.* XXIV. V. de 1 à 4.

« d'exaltation formé un vœu qu'elle n'a pas accom-
« pli? Sa voix vibrante de colère s'est-elle fait en-
« tendre hors de la maison? Irritée contre ses en-
« fants les a-t-elle maudits en présence de leur
« père? S'est-elle, le fuseau à la main, livrée au tra-
« vail dans la rue? Est-elle sortie sans avoir empri-
« sonnée sa chevelure dans une résille ou un tur-
« ban? Répudiée comme une femme coupable, elle
« n'aura pas même le droit d'emporter son mohar,
« cette dot nuptiale que son fiancé lui avait assurée
« en échange de la main que son mari repousse au-
« jourd'hui. Et là ne devait pas s'arrêter le despo-
« tisme de l'époux : comme Beth-Shammaï protes-
« tait contre ces interprétations de la pensée de
« Moïse, et ne faisait correspondre la répudiation
« qu'au déshonneur de la femme, Beth-Hillel décla-
« rait qu'un mets brûlé était une cause de divorce ;
« et Rabbi-Akiva ajoutait qu'il suffisait à un
« homme de trouver plus de charmes à une autre
« femme qu'à la sienne, pour qu'il eût le droit
« d'expulser celle-ci de la maison conjugale. Il y a
« loin de ces commentaires qui désorganisent et
« détruisent la famille, au livre dont ils altèrent
« le sens, et qui en promulguant les lois naturelles
« et immuables du sanctuaire domestique, leur avait
« imprimé son divin caractère. (1) » Le prophète
Malachie adresse des reproches au peuple sur ses
déréglements, et voyant les larmes de l'épouse dé-

---

(1) Mlle Bader. *La femme Biblique*, p. 171.

laissée, il crie au peuple qui lui demande pourquoi Dieu repousse ses présents : « Pourquoi ? Parce que « Dieu a été témoin entre toi et la femme de ta « jeunesse que tu as méprisée ; elle était ta compa- « gne et l'épouse de ton alliance... Gardez-vous de « de renvoyer l'épouse de votre jeunesse (1). » Il faut dire que la répudiation ne pouvait s'opérer sans formalités, et que les docteurs de la loi avaient multiplié à dessein les causes de nullité de c.t acte.

L'acte de scission une fois reçu par la femme, le mariage était rompu, et la femme devenue libre pouvait former un nouveau lien. Dès lors, tout espoir de retour vers son premier mari était perdu pour elle ; la loi défendait que dans le cas de veuvage ou de répudiation de la part du second époux, elle fut reprise par le premier (2). Conservait-elle sa liberté, la réconciliation était possible.

L'adultère n'était pas une cause de divorce puisque les coupables étaient condamnés à mort (3).

Quant à l'épouse dont la stérilité se prolongeait pendant dix ans, elle pouvait être répudiée, mais en reprenant sa liberté, elle recouvrait sa dot.

Les Juifs, on le voit, étaient bien loin du principe de l'indissolubilité du mariage que le fondateur de la religion nouvelle allait proclamer.

---

1) Malachie, cap. II. 14-16.
(2) *Deut.* XXIV. V. 2 à 4. — Jérémie III. 1.
(3 *Deut.* XXII. V. 22. — *Lévit.* XX. 10.

Il ne faudrait pas croire, toutefois, que l'indissolubilité du lien conjugal ait été reconnue dans les
premiers temps de l'Église, par tous les théologiens.
Tandis que saint Clément d'Alexandrie, saint Cy-
prien, saint Jérôme, saint Augustin n'accordaient
pas que les époux séparés pour cause d'adultère,
seule cause de séparation à leurs yeux, puissent se
remarier. Épiphane, saint Ambroise, Tertullien,
au contraire, leur permettaient de le faire. L'Église,
par la voix autorisée d'un concile, n'avait pas encore tranché la question.

Les théologiens qui prétendent que Jésus-Christ
a proscrit le divorce, s'appuient sur les paroles que
les évangélistes mettent dans la bouche du Maître.
« Celui, dit saint Luc, qui renvoie son épouse, et en
épouse une autre, commet un adultère (1). » Les
autres évangélistes répètent de même. Saint Ma-
thieu semble faire une exception à la doctrine de
l'indissolubilité conjugale ; le mari qui renvoie sa
femme pour cause d'adultère, ne commet pas un
adultère en se mariant (2). Comme les Pharisiens
s'étonnaient de cette doctrine nouvelle, et objec-
taient les prescriptions de leur loi, « c'est à cause
de la dureté de votre cœur, répond Jésus, que
Moïse vous a permis de renvoyer vos femmes (3). »
Considérant le lien conjugal comme si sacré, il ordonne à l'homme de quitter son père et sa mère,

____

(1) Ch. XVI. 18.
(2) St-Mathieu, ch. V. 32.
(3) d. ch. XIX. 8.

pour s'attacher à sa femme, « et ils seront deux
« dans une même chair. Car ce que Dieu a uni,
« l'homme ne peut le séparer (1). » Saint Paul à son
tour s'écrie : « J'ordonne, ou plutôt c'est le Seigneur
qui ordonne par ma bouche à ceux qui sont unis par
le mariage, que l'épouse ne s'éloigne pas de son
époux ; si elle le quitte, qu'elle reste sans se marier,
ou se réconcilie avec son mari (2). » Le langage de
l'apôtre n'est pas moins explicite dans son épître
aux Romains (3). On fait remarquer que bien qu'il
ne parle là que de la femme, il faut appliquer les
mêmes règles pour le mari.

Les théologiens dissidents ont vu dans les paroles de Jésus, un simple conseil destiné à ceux qui
veulent arriver à la perfection, et non une obligation stricte de rester sans se marier.

La question, quoique la doctrine de l'indissolubilité eut été la doctrine constante de l'Église,
n'avait pas été tranchée d'une manière officielle ;
aussi le champ était-il libre pour la controverse.
Saint Augustin, si opposé au divorce, avoue lui-
même qu'il règne en ces matières une très-grande
obscurité et que chacun est libre de croire ce qu'il
veut (4).

Telle est la doctrine que l'Église essaya de faire

(1) *Id.* ch. XIX. 5-6.
(2) I Corinth. VII. 10, 11.
(3) Romains VII. 2-3.
(4) St-Augustin. *de Ade op.* cap. IX n° 35.

prévaloir; mais nous avons vu les résistances des princes francs, résistances si fortes qu'elle fût obligée de fléchir pour se plier aux nécessités des temps. C'est ainsi que nous trouvons dans les conciles, certaines prescriptions où le principe de l'indissolubilité conjugale reçoit de graves atteintes. Il faut dire, toutefois, pour éviter toute erreur d'interprétation que les canons d'un synode n'ont pas la valeur des canons d'un concile œcuménique. Ces dispositions n'en sont pas moins intéressantes pour nous montrer l'état des idées à cette époque. Les rapports de l'Église et de l'État étaient alors si intimes qu'il ne faut pas être étonné de voir figurer dans les canons d'un concile. des prescriptions d'ordre séculier, tandis que les Capitulaires sont remplis de dispositions canoniques. Ces dispositions d'ordre séculier n'étaient que des vœux pour lesquels l'Eglise demandait l'approbation de l'État.

En 313. le concile d'Elvire exclut de la communion des fidèles la femme répudiée qui se marie, avant la mort de son époux (Canon IX) (1). En 416, le 2ᵉ concile de Milève (2) consacre la même doctrine (Canon XVII). Mais en 314, le concile d'Arles (Canon X) se contente de conseiller à l'époux d'une femme adultère de ne pas se marier, tant qu'elle vit.

Il faut citer le concile de Soissons (744) qui dans

---

(1) *Acta concil collect*. Labbé. T. 1ᵉʳ col. 971.
(2) *op. cit.* T. II. col. 1537.

son canon IX, s'exprime ainsi : « Une femme du
« vivant de son mari ne peut en prendre un second,
« parcequ'un mari ne doit pas renvoyer sa femme,
« à moins qu'il ne l'ait surprise en flagrant délit
« d'adultère » (1). Le concile de Verberie (752) dans
son canon IX dispose que si le mari quitte le duché
ou la province pour suivre son seigneur, et que sa
femme refuse de l'accompagner, celle-ci doit rester
sans se marier, tant que vit le mari. Quant à ce
dernier, il peut en ce cas prendre une autre
femme (2).

A peu près à la même époque, en 791, nous trouvons le X⁰ canon du concile de Fréjus ainsi conçu :
« Il n'est pas permis au mari qui a brisé le lien con-
« jugal pour cause d'adultère, d'épouser une autre
« femme, tant que la sienne vit. La femme adul-
« tère de son côté, ne peut prendre un autre mari,
« ni pendant la vie, ni après la mort de celui qu'elle
« a trompé. » (3). Il faut rapprocher de cette disposition, le canon XLVI du concile de Tribur, (895)
qui supposant une épouse adultère menacée de mort
par son mari, se réfugie auprès de son évêque. « Le
« mari, dit ce canon, tant que la femme vit, ne peut
« en épouser une autre. »

Nous pourrions multiplier ces citations, mais
nous nous exposerions à des redites. Celles que nous
avons déjà données, suffisent pour montrer que la

---

(1) Acta concil. T. VI. col. 1552.
(2) Op. cit. T. VI. col. 1658.
(3) Op. cit. T. VII. col. 901.

question de l'indissolubilité du mariage, qui divisait déjà les premiers pères de l'Église, a donné lieu à des décisions en divers sens dans les conciles de cette époque. Cependant on peut dire sans présomption que jusqu'au VIIe siècle, le divorce était admis sans contestation ; les formules que nous rapporte Marculphe en font foi.

Viennent maintenant les capitulaires de nos rois. Le divorce y est-il proscrit ? Un capitulaire de Pépin fait en 744 au concile de Soissons, avec l'assentiment des évêques de ce concile porte : « Du vivant « du mari, aucun autre ne doit épouser sa femme, « aucune femme du vivant de son mari ne peut « prendre un autre époux, *quia maritus non debet* « *mulierem suam dimittere, excepto causa fornica-* « *tionis deprehensa* (1). » Ce capitulaire semble bien consacrer le principe de l'indissolubilité conjugale, et donner au mari le droit de répudier sa femme pour cause d'adultère, quand il l'a prise en flagrant délit, mais sans qu'il puisse se remarier. Cependant nous devons citer un autre capitulaire du même prince, de l'an 752, fait au concile de Verberie (2) et qui reproduit le canon de ce concile que nous venons de citer. Remarquons la nécessité d'une pénitence quand le mari prend une autre femme du vivant de la première, sans que la nullité du mariage soit prononcée. Quelques canonistes prétendent

---

(1) Baluze T. 1. p. 150.
(2) Ibid. p. 163.

qu'il ne faut entendre en ce cas la liberté de se remarier qu'après la mort de l'un des époux ; mais il
suffit de lire le texte pour voir que cette interprétation est insoutenable. Yves de Chartres et Gratien
qui citent le IX canon du concile de Verberie, sup-
priment la fin du texte qui donne au mari le droit
de prendre une autre femme.

Voici comment s'exprime un capitulaire de Charlemagne donné à Aix-la-Chapelle en 789 et inspiré
par un canon du concile de Milève déjà cité. « Ni la
« femme renvoyée par son mari, ne doit en prendre
« un second, ni le mari ne doit prendre une autre
« femme du vivant de la première » (1). Ailleurs
l'empereur dit encore : « Que chaque prêtre annonce
« publiquement au peuple qu'il doit s'abstenir de
« toute union illicite, et que tout mariage légitime
« suivant la loi divine ne peut être dissous pour
« une raison quelconque, *nequdquam posse ullâ*
« *occasione separari.* » (2). Plus loin, il n'est pas
moins affirmatif. « Celui qui du vivant de sa femme
« convolera à une nouvelle union, quoique son ma-
« riage paraisse dissous (c'est-à-dire séparés de
« corps), il est impossible de ne pas le considérer
« comme adultère ; il en est de même de la personne
« à laquelle il est uni. (3)»

C'est bien là l'indissolubilité du mariage pro-

---

(1) Baluze. T. 1. *Liv.* 1 art. 12.
(2) *Ibid.* Liv. VI, chap. CXCI.
(3) *Ibid.* Liv. VII, ch. LXXXIII.

clamée dans nos lois; dès lors les époux malheureux n'ont plus que la ressource de la séparation *a mensâ et toro*, qui laisse subsister toutes les obligations du mariage.

Le fondement de l'indissolubilité conjugale réside dans ce fait qu'aux yeux de l'Eglise, Jésus-Christ a fait du mariage un sacrement. « *Sacramentum hoc magnum est*, dit St-Paul, *ego autem dico in Christo et in ecclesiâ* » (1). Et St-Augustin, tirant la conséquence de ce fait ajoute : « Voilà pourquoi il n'est « pas permis à l'époux répudié de se marier avec « un autre, tandis que son conjoint vit encore » (2). C'est donc l'intervention de la religion dans le contrat qui donne au mariage ce caractère définitif, et empêche de rompre un lien que Dieu a béni et sanctionné, et que les parties en sa présence ont juré de respecter. Inspiré par la même idée Loysel a dit : « Les mariages se font au ciel, et se consomment en la terre. »

Une conséquence de cette doctrine fut que l'Église s'attribua la connaissance de toutes les questions qui intéressent le mariage. Ce fut du reste un bienfait pour les peuples ; au milieu des troubles et de l'ignorance de cette époque, la procédure laïque était si grossière que le droit de justice était entre les mains des seigneurs un instrument d'oppression. La juridiction ecclésiastique au contraire jugeant d'après

---

(1) *Ephes.* V. 25.
(2) St-Aug. *de bono conjug.* ch. 24, n° 32.

les principes du droit romain, s'inspirait de l'équité et de la raison ; elle acquit une influence légitime. Elle tranchait donc les questions de validité et de nullité du lien conjugal, et par conséquent la séparation. Une jurisprudence se forma ; les causes en furent limitées d'après les principes du droit canon qui prit naissance.

Mais les mœurs ne vont pas si vite que les lois. Il se fit un mouvement de recul dans la voie de l'indissolubilité. Au XI siècle, dans les assises de Jérusalem, nous voyons de nouveau le mariage dissous par le juge d'Église, quand l'un des époux est atteint d'une maladie qui rend la vie commune impossible. Sans entrer dans le détail des infirmités qui donnent lieu au divorce, et des mesures édictées pour les constater, qu'il nous suffise de dire que l'époux sain pouvait se remarier, et l'autre était enfermé dans un couvent. « Le mari, dit l'assise, peut prendre une autre moullier (femme) par droit, puisqu'il sera partis de l'autre feme qui ce sera rendue en ordre de religion » (1).

Malgré cette résistance des mœurs, la doctrine de l'indissolubilité du mariage était maintenue par l'Église. Dès le XIIe siècle, on ne trouve plus de concile admettant implicitement la faculté du divorce entre catholiques

Cependant le mariage était résolu de plein droit dans un cas : c'était quand une des parties, avant

____

(1) *Cour des Bourgeois*, ch. CLXXV.

la consommation du mariage, et du consentement de son conjoint, entrait dans la vie religieuse et prononçait des vœux solennels (1). Mais le vœu simple de chasteté, ou la prise d'habit ne suffisaient pas pour permettre de rompre le mariage ; il fallait que l'époux entrât dans un monastère. De même la réception des ordres sacrés ne pouvait dissoudre le mariage non consommé ; il fallait que l'époux devenu prêtre se retirât du monde (2).

Le consentement des deux conjoints était nécessaires ; aussi l'époux qui ne se serait séparé de l'autre que par violence, avait le droit de revenir avec lui, et lui ne pouvait refuser de rétablir la vie commune (3). Et en ce cas, le lien subsistait si bien que si la femme venait à mourir, le mari n'aurait pu être forcé de rentrer dans le monastère.

Le corpus juris canonici vint préciser avec plus de netteté les faits susceptibles de donner lieu à la séparation.

La principale cause était l'adultère de l'un des époux, du mari comme de la femme. Ensuite quand l'un des époux avait commis un crime, était devenu fou furieux, quand il tombait dans l'hérésie, ou qu'il gênait son conjoint dans ses pratiques religieuses.

Beaumanoir nous cite les cas de séparation que les femmes peuvent invoquer : « 1° Quant les maris

---

(1) *Alex. III. cap. et public. de concers. conjugat,* 1180.

(2) *Extravag. Joan XXII cap. unic de roto et coti redempt.* 1322.

(3, *Innocent III cap. accedens ext. de concers conjugat.* 1212.

« les menacent à tuer ou à foler ; 2° quant ils ne leur
« veulent donner que boire ou que mangier ne que
« vestir ; 3° ou quant mari vient vendre la terre de
« fame ou son douaire par forche ; 4° ou quant il la
« boute hors par sa volenté sans meffet à la fame ;
« 5° ou quant elle s'empart pour che que il tient
« autre fame avec li en sa meson à la veue et seue
« des voisins (1). »

Jehan Bouteiller nous signale deux causes de séparation : 1° « Quand les époux étaient parents l'un
« de l'autre à un degré trop rapproché, si dispenses
« n'en étaient du Saint-Père ; 2° quand le mari était
« impuissant ou incapable de payer ce que les clercs
« appellent la dette conjugale » (2). Il nous dit encore que la femme dont le mari est absent, et qui
est restée longtemps sans nouvelles de lui, ne peut
se remarier sans être certaine de sa mort. Mais
après sept ans, si le bruit court qu'il n'est plus, et
si un témoin au moins affirme qu'il l'a vu mort dans
tel lieu, et d'autres qu'ils sont allés sur son tombeau,
ou ont assisté à ses obsèques, en ce cas, la femme a
le droit de se remarier. Sans ces témoignages, elle
ne le pouvait, quelque longue que fût l'absence.

La doctrine de l'indissolubilité était unanimement
reconnue, quand un cri de révolte contre l'Église
retentit en Allemagne. Luther, battant en brèche
toutes les idées catholiques, brisa la grande unité

---

(1) Beaumanoir. *Coutume de Beauvoisis.* ch. 57.
(2) Somme rurale. Liv. II. t. 8.

religieuse, et pour mieux attirer les princes et les
peuples dans sa rébellion, il comprit que le plus sûr
moyen était de flatter leurs passions. Il s'efforça de
démontrer que les livres saints n'avaient pas condamné le divorce, et l'on vit princes et simples particuliers embrasser avec ardeur ces idées nouvelles
pour profiter de la liberté qu'elles leur donnaient.

C'est pour répondre à ces attaques que l'Église
catholique, réunie en Concile œcuménique, affirma
avec une nouvelle énergie l'indissolubilité du lien
conjugal. Voici comment s'exprime le canon 2 de
la session XXIV, du concile de Trente.

« Si quelqu'un dit qu'il est permis aux chrétiens
« d'avoir plusieurs épouses à la fois, et que cela
« n'est défendu par aucune loi divine, qu'il soit
« anathème. »

Canon. 3.— « Si quelqu'un dit que pour cause
« d'hérésie, d'incompatibilité d'humeur ou d'ab-
« sence volontaire, le lien du mariage peut être
« dissous par l'époux, qu'il soit anathème. »

Canon 7. — « Si quelqu'un dit que l'Église se
« trompe quand elle enseigne et a enseigné, selon
« la doctrine évangélique et apostolique, que
« l'adultère de l'un des époux n'autorise pas la
« dissolution du mariage; qu'il est interdit à tous
« les deux, même à l'innocent, de se remarier du
« vivant de leur conjoint; et enfin que celui-là ou
« celle-là commet un adultère qui, ayant renvoyé
« son époux coupable en prend un autre; qu'il soit
« anathème. »

C'était la condamnation absolue du divorce dans l'Eglise latine. L'Eglise grecque, malgré le concile de Trente, en a toujours conservé l'usage; car les canons de ce concile sont conçus de façon à ne pas frapper les membres de cette Eglise.

A partir de cette époque, la thèse de l'indissolubilité du mariage fut acceptée sans contestation, et la jurisprudence des Parlements ne varia pas sur ce point.

Le concile de Trente proscrivit en outre les mariages clandestins, dont l'usage s'était introduit depuis environ trois siècles. C'est ce que l'on appelait les *fiançailles par paroles de présents*; elles consistaient dans la promesse que se faisaient les époux d'être mari et femme, sans autre formalité que la constatation de cette volonté par un notaire. L'Eglise avait reconnu cette pratique par respect pour ce principe que le mariage n'exige qu'une seule condition, le consentement. Une décrétale d'Alexandre III appelle la femme ainsi mariée une femme légitime. Le concile de Trente, malgré la résistance de cinquante-six prélats, proclama pour l'avenir la nécessité de l'intervention du prêtre dans la célébration nuptiale. Ces canons furent érigés en lois civiles, et passèrent dans l'ordonnance de Blois (1570, art. 44).

Déjà au VIe siècle, le concile d'Arles avait prescrit la célébration du mariage par le prêtre et publiquement. Les capitulaires de Charlemagne font la même obligation de cette cérémonie. Il faut voir

st. 152.

7

là une conséquence de cette idée que Jésus-Christ avait élevé le mariage à la dignité d'un sacrement. Cette pratique avait pour utilité d'assurer la publicité du contrat.

Une autre conséquence fut tirée de cette même idée. Quand la forme du sacrement n'avait pas été donnée à l'union, le principal argument en faveur de l'indissolubilité disparaissant, le lien pouvait être rompu avec plus de facilité ; car il était fondé sur le seul consentement des époux. Cette doctrine n'était pas nouvelle dans l'Eglise ; saint Ambroise (1) saint Jean Chrysostôme (2) ont soutenu cette thèse. Le pape Innocent III dit de même : « Si l'un des « deux époux se convertit, et que l'autre refuse de « cohabiter avec lui, ou de s'abstenir de blasphé- « mer le nom de Dieu, ou d'éviter de le pousser au « péché mortel, l'abandonné, s'il le veut, pourra « contracter une nouvelle union. » (3) Dans le cas ou de deux époux chrétiens, l'un tombe en hérésie, l'autre du vivant du premier ne peut convoler à de secondes noces. Pourquoi cette différence? C'est que dans le second cas, il y a eu un mariage sanc- tifié par le sacrement ; dans le premier, le mariage est bien valable, mais il ne porte pas ce caractère religieux qui aux yeux de l'Eglise lui assure l'in- dissolubilité.

---

(1) Liv. VIII. *In Luc.*
(2) *Hom.* XIX. *in cap.* VII. *Ep.* 1.
(3) *Décrét. Liv.* II. *Tit.* XIX, ch. VII. *De divort.*

Le pape Benoît XIV professe la même doctrine (1) et ce fut la pratique constante de l'Eglise jusqu'en 1775. lors de la fameuse affaire du juif Borach-Lévy. Ce juif, déjà marié, voulut, après avoir reçu le baptême épouser une chrétienne. M. de Fitz-James, évêque de Soissons, ne voulut pas le permettre, du vivant de sa première épouse. L'affaire fut portée devant le Parlement de Paris, et décidée contre le juif par arrêt du 2 janvier 1753. Le lien du mariage, disait l'évêque de Soissons, est indissoluble, de quelque manière qu'il ait été contracté, puisqu'il résulte seulement du vœu que font les conjoints de se donner l'un à l'autre. Quant à la décrétale du pape Innocent III, elle repose sur une erreur d'interprétation de l'épître de Saint-Paul. L'arrêt du Parlement adopta l'opinion de l'évêque, et décida qu'il n'y avait pas abus dans la sentence de l'official de Soissons, confirmant le refus fait par le curé de procéder au mariage du juif.

Après comme avant le concile de Trente, l'église permit toujours le divorce quand l'un des époux embrassait la vie religieuse, pourvu que le mariage n'eût pas été consommé (2). Cette doctrine est confirmée par Bellarmin (3) et par Suarès (4). Hors ce cas le mariage est essentiellement indissoluble.

Cependant il est juste d'ajouter que les causes de

(1) *De synod.* Ch. IV. § 3.
(2) *Concil. T. Trent. Sess.* XXIV. can. 6.
(3) *De monach.* Liv. II. cap. 3°.
(4) *De relig.* T. III. Liv. 9, ch. 23 n° 20.

nullité de mariage s'étaient étendues singulièrement, et que sous ce prétexte on vit des divorces
véritables.

Nous n'avons donc plus qu'à nous occuper de la
séparation d'habitation.

Et d'abord quelle était la juridiction compétente?
A l'origine, les évêques, nous l'avons dit, eurent la
connaissance de toutes les causes du sacrement, ou
autres matières spirituelles, comme le mariage. Plus
tard cette juridiction fut déléguée par l'évêque aux
cours d'église. Mais au XIVe siècle, une lutte s'en-
gagea avec les tribunaux séculiers qui revendi-
quaient la connaissance des demandes en séparation, comme étant des affaires temporelles. Les
Parlements et les légistes soutinrent cette opinion.
Le concile de Trente voulut trancher la question en
faveur des tribunaux ecclésiastiques. « Si quel-
« qu'un, dit-il, prétend que les causes matrimo-
« niales ne sont pas du ressort ecclésiastique, qu'il
« soit anathème (1). » Néanmoins une transaction
eut lieu, le juge d'église jugea les demandes en séparation, renvoyant les parties devant le juge séculier pour le règlement des intérêts pécuniaires.
Plus tard, la victoire des tribunaux laïques fut
complète, et dans le dernier état du droit, ils étaient
seuls compétents pour trancher les questions de séparation, sous le prétexte que dans ce cas le lien
conjugal n'est pas rompu, mais seulement relâché.

---

(1) Sess. XXIV can. 12.

Dès lors la compétence du juge d'église se trouve limitée aux questions de nullité ou de validité du mariage.

Il y avait deux causes de séparation d'habitation dans notre ancien droit : l'adultère du mari ou de la femme, et les sévices du mari envers la femme, quand ils n'avaient pas de justes causes ou étaient excessifs. Au XVIII° siècle, la femme ne pouvait demander la séparation pour adultère du mari, et Pothier en donne cette raison singulière. « Il n'ap-
« partient pas à la femme qui est une inférieure
« d'avoir inspection sur la conduite de son mari
« qui est son supérieur. Elle doit présumer qu'il
« lui est fidèle, et la jalousie ne doit pas la porter à
« faire les recherches sur sa conduite. » (1) Sous les empereurs païens, on entendait d'une façon plus délicate les rapports des époux ; la femme pouvait répudier son mari pour cause d'adultère, et sous les empereurs chrétiens quand il avait reçu chez lui des femmes de mauvaise vie. Aussi dirons-nous avec M. Bugnet : « l'obligation de fidélité est éga-
« lement imposée à l'un et à l'autre époux, et il
« n'y a sous ce rapport entre eux ni supérieur ni
« inférieur, mais égalité parfaite. »

Si la femme ne pouvait invoquer l'adultère de son mari, le mari ne pouvait fonder sa demande sur les mauvais traitements qu'il aurait soufferts de la part de sa femme. La loi regardait une telle plainte

---

(1) Pothier. *Contr. de mar.* n° 516.

peu compatible avec la dignité du mari. Mais en sa qualité de vengeur du foyer conjugal, il pouvait se prévaloir de l'adultère de sa femme, et si les faits étaient prouvés, faire enfermer sa femme dans un monastère; pendant deux ans, il avait le droit de la reprendre. Passé ce délai, la femme avait les cheveux rasés, et restait au couvent toute sa vie. L'impunité de l'adultère du mari, et le châtiment si sévère de sa femme étaient contraires aux principes du droit canonique, mais le déréglement des mœurs les avait battus en brèche.

Les mauvais traitements dont la femme pouvait se plaindre de la part de son mari, empruntaient leur gravité à une foule de circonstances qu'il est impossible de préciser, mais dont le juge devait tenir grand compte; tout dépendait de la condition des époux, de leur éducation, de leurs habitudes. Une marque de mépris chez des époux d'une classe élevée était, on le comprend, une plus cruelle injure que des violences physiques entre époux de la plus barre condition.

La femme avait encore le droit de demander la séparation quand le mari l'avait calomnieusement accusée d'un crime capital. Mais les maladies, les infirmités, quelque graves qu'elles pouvaient être, n'étaient pas pour les époux une cause légitime de séparation. La folle furieuse, même quand elle présentait quelque danger pour le conjoint, ne donnait pas lieu à séparation; l'époux malade était seulement enfermé. « Le mal vénérien même, dit Po-

« thier, quoiqu'il y ait de forts soupçons que le
« mari se l'est attiré par ses débauches, peut encore
« moins servir de fondement à une demande en
« séparation, ce mal n'étant plus aujourd'hui un
« mal incurable, mais un mal que presque tous les
« chirurgiens savent guérir (1). »

Du reste, les causes de séparation n'étaient pas
strictement limitées; l'arbitraire du juge tenait une
grande place dans la législation sur ce point. « On
« doit, dit encore Pothier, laisser entièrement à
« l'arbitrage et à la prudence du juge les causes de
« séparation. Il ne doit être ni trop facile à l'accor-
« der pour des discussions passagères, ni trop diffi-
« cile, lorsqu'il aperçoit dans les parties une anti-
« pathie et une haine invétérées que la cohabita-
« tion ne pourrait qu'augmenter, si on les laissait
« ensemble (2). »

Mais il fallait toujours une sentence du juge rendue en grande connaissance de cause; le consentement mutuel des époux résultant d'un acte devant
notaire, dans lequel les époux auraient reconnu
leurs torts, et affirmé leur intention de se séparer,
n'avait aucun effet (3).

Quelle était la procédure de séparation ? Comme
le mari ne pouvait la demander que pour adultère
de sa femme, il devait se porter accusateur. L'action

---

(1) Pothier. *Contr. de mar.* n° 511.
(2) Pothier. *Contr. de mar.* n° 505 et 506.
(3) Pothier, *Ibid.* n° 517.

était pénale, personnelle au mari, et intransmis-
sible à ses héritiers. Le ministère public ne pouvait
agir d'office que quand il y avait scandale public.
L'instruction se faisait devant la juridiction criminelle, à l'extraordinaire, avec audition de témoins
et confrontation.

Lorsque la femme demandait la séparation, cette
demande était purement civile. Une requête était
présentée au juge, contenant les faits allégués par
elle. S'ils paraissaient assez graves pour motiver la
séparation, le juge autorisait la femme à plaider et
à se retirer dans un couvent pendant le procès. Le
mari devait lui restituer les linges et hardes nécessaires à son usage, et payer la pension fixée par le
juge. Celui-ci même, en déboutant la femme de sa
demande, avait le pouvoir de l'autoriser à rester
pendant quelques mois dans le lieu qui lui avait
été donné pour sa résidence.

Le premier effet du jugement de séparation était
de dispenser les époux de cohabiter ensemble.
C'est, dit Pothier en la définissant, la décharge qui,
pour de justes causes, est accordée par « le juge à
« l'un des conjoints par mariage de l'obligation
« d'habiter avec l'autre conjoint et de lui rendre le
« devoir conjugal, sans rompre néanmoins le lien
« de leur mariage. »

Un autre effet de la séparation consistait dans la
séparation de biens ; la communauté était dissoute,
et la femme pouvait, après avoir provoqué l'inven-

taire des biens qui la composaient, exercer ensuite son droit d'acceptation ou de renonciation.

Quand l'adultère de la femme donnait lieu au divorce, elle perdait tout droit au douaire coutumier, au partage de la communauté; elle ne pouvait redemander sa dot. Mais quand c'était elle qui obtenait la séparation, elle conservait le plein exercice de ses droits. Mais elle n'avait droit au douaire qu'au momen* de la dissolution du mariage. Cette séparation n' avait pas un caractère pénal à l'égard du mari; il ne perdait aucun des avantages stipulés par le contrat.

La séparation d'habitation c·ssait par la réconciliation des époux; seulement il y avait une différence avec notre loi moderne; c'est qu'aujourd'hui la réconciliation n'a pas pour effet de rétablir la communauté de plein droit entre les époux. Autrefois la communauté revivait entre eux sans qu'ils pussent se soustraire aux effets de cette restauration.

Dans le droit des assises, l'enfant issu du mariage au-dessous de trois ans était confié à la mère séparée; au-dessus de cet âge et jusqu'à douze ans, le juge décidait la question de savoir qui du père ou de la mère devait l'avoir; il consultait l'intérêt de l'enfant. Après douze ans, l'enfant choisissait celui des deux époux avec lequel il lui plaisait de demeurer. Dans le dernier état de l'ancien droit, la question de la garde de l'enfant était réservée au juge dans tous les cas ; il la confiait ordinairement à l'époux innocent.

Telle était, après bien des vicissitudes, l'ensemble de nos lois sur la séparation de corps à la veille de la révolution. Nous allons voir ce que les hommes de 1789, inspirés par les idées philosophiques du XVIIIe siècle, firent de cette législation que leur avait léguée l'ancienne monarchie.

LÉGISLATION INTERMÉDIAIRE

L'ancien régime s'écroulait pièce à pièce sous les coups de la Révolution ; une violente réaction se fit sentir en 1791 contre toutes les idées précédemment reçues, déjà fortement battues en brèche par les doctrines philosophiques du XVIII° siècle. La législation du mariage était trop empreinte du caractère religieux pour trouver grâce devant le scepticisme des nouveaux législateurs et échapper à leurs coups. Aussi, au nom de la liberté de conscience qui exige que l'État ne favorise aucun culte, la constitution de 1791 proclamait-elle l'indépendance absolue de l'Église et de l'État, et, comme conséquence de cette idée, elle posait ce principe : « La loi ne considère le mariage que comme contrat civil (1). »

On ne devait pas s'arrêter là. La liberté, au nom de laquelle la Révolution s'était accomplie, paraisseit protester contre le caractère indissoluble du mariage, aussi les législateurs de 1791, penant un faux semblant de liberté pour la liberté elle-même, déclarent que « la faculté du divorce résulte de la

____

(1) *Tit.* VII, *art.* 2.

« liberté individuelle, dont un engagement indis-
« soluble serait la perte. »

De là l'abolition radicale de la séparation de
corps, qui, à leurs yeux aveuglés par le fanatisme
antireligieux, était un legs funeste de l'Église. Cette
mesure plaçait les époux catholiques dans l'alter-
native inacceptable de rester indissolublement liés,
ou de recourir à un remède contre lequel leur conscience protestait.

La loi du 20 septembre 1792, après avoir posé dans
son art. 2 que le divorce a lieu par consentement mutuel, ajoute que « l'un des époux peut faire prononcer
le divorce sur la simple allégation d'incompatibilité
d'humeur ou de caractère (1). » Chaque époux peut
également invoquer certaines causes déterminées,
savoir : 1º la démence, la folie ou la fureur de son
conjoint. — 2º La condamnation de l'un d'eux à
une peine afflictive ou infamante. — 3º Les crimes,
sévices ou injures graves de l'un envers l'autre. —
4º Le déréglement de mœurs notoire. — 5º L'abandon de la femme par le mari ou du mari par la
femme pendant deux ans. — 6º L'absence de nouvelles pendant cinq ans. — 7º L'émigration dans
les cas prévus par la loi. Enfin, l'art. 7 termine en
disant que : « A l'avenir, aucune séparation de
« corps ne pourra être prononcée ; les époux ne
« pourront être désunis que par le divorce. »

Voici quelle était la procédure organisée par la

---

(1) Art. 3.

loi de 1792. En cas de consentement mutuel, les époux convoquaient une assemblée de six au moins des plus proches parents ou d'amis à défaut de parents; trois d'entre eux étaient choisis par le mari, les trois autres par la femme. Les époux devaient comparaître en personne devant ce tribunal de famille pour y exposer leurs griefs. Les parents assemblés leur faisaient des représentations de nature à opérer un rapprochement entre eux, et s'ils persistaient dans leurs résolutions, un officier municipal requis à cet effet dressait un acte constatant l'impuissance des parents à amener une réconciliation. Un mois au moins, et six mois au plus après la date de cet acte, les époux pouvaient se présenter devant l'officier public chargé de recevoir les actes de mariage dans la municipalité du dernier domicile du mari et requérir le divorce. Ils n'étaient pas tenus d'exposer leurs griefs devant lui.

Les époux alléguaient-ils une imcompatibilité d'humeur ou de caractère, la procédure était analogue. Celui qui provoquait le divorce convoquait une assemblée de parents ou d'amis, et, en cas de non-conciliation, on appelait un officier municipal qui dressait procès-verbal de la séance. L'assemblée se prorogeait à deux mois; les époux comparaissaient de nouveau, et s'il n'y avait pas de rapprochement entre eux, second procès-verbal et seconde prorogation à trois mois. Si, après tous ces moyens de conciliation, l'époux demandeur persistait dans sa résolution, il en était dressé acte, et une expédition était signifiée à l'époux défendeur. Huit jours au moins et six mois au plus après le dernier acte de conciliation, le divorce était prononcé par l'officier civil.

En cas de divorce pour cause déterminée, la procédure variait suivant la cause sur laquelle on se fondait pour demander le divorce. S'agissait-il de la condamnation à une peine infamante, l'autre époux n'avait qu'à présenter le jugement à l'officier de l'état civil; de même, si le demandeur invoquait l'absence de son époux pendant cinq ans, il suffisait de présenter à l'officier de l'état civil un acte de notoriété constatant le fait. Il ne pouvait ici y avoir de contestation, puisque la loi elle-même établissait les causes de divorce, et que l'existence de ces causes était prouvée directement par le jugement ou l'acte de notoriété.

L'époux demandeur invoquait-il une des autres causes déterminées, la demande devait être portée devant le tribunal de famille dans la forme prescrite pour les contestations entre mari et femme, et si ce tribunal jugeait la demande de l'époux bien fondée, le demandeur était renvoyé devant l'officier civil du domicile du mari. L'appel était suspensif de la sentence arbitrale et devait être jugé dans la mois.

Les époux divorcés pouvaient se remarier ensemble, mais un an après le divorce, quand il avait été prononcé pour consentement mutuel ou incompatibilité d'humeur. Quand il avait été prononcé pour cause déterminée, la femme seule était soumise à ce délai, à moins que le divorce n'eût été fondé sur l'absence du mari depuis cinq ans resté sans nouvelles.

Le sort des enfants nés du mariage variait suivant la cause qui avait amené le divorce. A défaut d'arrangement entre les parties, lorsque le divorce avait lieu par consentement mutuel ou incompatibilité d'humeur, la loi confiait à la mère tous les enfants quel que fût leur sexe, s'ils avaient moins de sept ans; au-dessus de cet âge, les garçons seuls étaient mis sous la direction du père.

Au cas de divorce pour cause déterminée, l'assemblée de famille réglait le sort des enfants, qui pouvaient être remis à des tiers, si les parents se remariaient; mais en ce cas, les père et mère devaient contribuer aux frais de leur entretien et de leur éducation en proportion de leurs revenus.

Si les enfants en cas de divorce de leurs parents avaient perdu tout droit dans leur succession, ils auraient été punis d'une faute qu'ils n'ont pas commise. La loi ne pouvait consacrer une telle injustice; aussi décidait-t-elle que les enfants viendraient en concurrence par égales portions avec ceux issus d'un mariage subséquent.

Que devenaient en cas de divorce les droits de communauté et avantages matrimoniaux stipulés par le contrat de mariage? Quand le divorce était imputable à la femme pour tout autre motif que la folie, elle était privée de tout droit et bénéfices dans la communauté ; mais elle pouvait reprendre les biens qu'elle avait apportés. Quant aux donations, gains de survie, ou avantages constitués en vue du mariage, soit par les époux entre eux, soit par des tiers, tout cela s'évanouissait lorsque survenait le divorce.

Une compensation de la perte de ces avantages était donnée à l'époux qui avait obtenu le divorce : il pouvait demander une pension viagère fixée par les arbitres de famille, et payée sur les biens de son conjoint. L'époux nécessiteux avait droit à une pension alimentaire fournie par son conjoint dans la mesure de sa fortune. On s'était demandé à ce propos si l'indigence de l'époux survenant après la dissolution du mariage, autorisait cet époux à faire la demande d'aliments. Un arrêt de la Cour de cassation du 8 Janvier 1806 a répondu négativement.

Pour rendre plus expéditive la marche de la procédure, un décret du 8 nivôse an II confia aux tribunaux de famille le jugement des contestations entre maris et femmes après le divorce, « celles re-« latives au règlement des droits des époux dans la « communauté et de leurs droits matrimoniaux em-« portant gain de survie. »

La loi de 1792 venait de réglementer la faculté de divorcer, et comme si les précautions prises par le législateur étaient superflues, un décret du 4 floréal an II (1) vient donner aux époux de nouvelles facilités

____

(1) Art. 1er.

pour rompre leur union. Il leur permit de convertir
en divorce une séparation de six mois au lieu de
deux ans, comme faisait la loi de 1792 et cela au
moyen d'une simple acte de notoriété.

La convention ne devait pas s'arrêter dans cette
voie. Un décret du 24 vendemiaire an III permit à
l'un des époux d'obtenir le divorce, en établissant
par acte authentique ou de notoriété publique que
son conjoint était émigré à l'étranger ou dans les
colonies, et cela sans assignation à son dernier domicile, ni citation.

Pour compléter le tableau de la législation antérieure au Code civil, il faut encore citer un décret du
premier jour complémentaire de l'an V qui ordon-
nait à l'officier civil de ne prononcer le divorce pour
incompatibilité d'humeur, qu'après six mois à
compter du dernier acte de non-conciliation.

Telle était la loi en vigueur en France au moment
où s'ouvrit la discussion sur le titre du divorce
parmi les rédacteurs du Code civil. La première
question qu'ils se posèrent fut celle de savoir si cette
institution serait maintenue ou non dans notre législation. Partisans ou adversaires se trouvaient en
présence, prêts à soutenir la lutte avec un égal
acharnement. Cependant l'issue ne pouvait en être
douteuse. Les mêmes haines qui avaient dicté la loi de
1792, celle de l'Église et de l'ancien régime, étaient
encore trop vivaces pour que le principe de cette
loi fut abandonné ; mais elles s'étaient assez apai-
sées toutefois pour empêcher les législateurs de 1804

de tomber dans les mêmes exagérations que leurs devanciers. Aussi les partisans du divorce au nombre desquels était le premier consul l'emportèrent, et le divorce fut consacré. On peut dire cependant que l'expérience n'en avait pas été heureuse ; les divorces s'étaient multipliés avec une facilité scandaleuse, à tel point que des membres de la Convention eux-mêmes, le député Bonguyod à la séance du 28 floréal an III et le député Mailhe à la séance du 2 thermidor de la même année, vinrent se plaindre de ces abus. Ces réclamations eurent pour effet de faire suspendre les décrets qui avaient suivi la loi de 1792. (15 thermidor an III).

En 1804, la séparation de corps reprit sa place dans nos lois parallèlement avec le divorce ; on voulut ainsi donner satisfaction aux consciences catholiques ; mais elle ne fut votée qu'à regret. Ce nouveau Code dissimulait mal ses préférences pour le divorce, auquel il consacrait un titre entier, et qu'il réglementait avec détail, tandis que la séparation de corps rejetée à la fois du titre comme un appendice, ne comptait que six articles.

Le projet du Code reconnaissait le divorce par consentement mutuel, et pour causes déterminées ; ce sont celles qui figurent dans les art. 220 à 232.

Le tribunal demandait que le divorce par consentement mutuel ne fut pas admis pour les époux qui auraient des enfants. Mais au Conseil d'Etat, le conseiller Emmery fit remarquer que ce mode de divorce avait l'avantage de couvrir les causes déterminées que les époux ne voudraient pas divulguer; aussi l'existence des enfants, loin d'être un obstacle à son admission dans nos lois, devait être un motif de plus pour lui donner une place, puisque on leur épargnait aussi la honte d'entendre révéler publiquement les fautes de leurs parents. Leur intérêt était aussi par là garanti, puisque les pères et mères devaient donner à leurs enfants la moitié de leur fortune. Cette dernière disposition formait l'art 305 du Code civil. Telles sont les raisons que l'on fit valoir pour conserver le divorce par consentement mutuel.

Une autre proposition du Tribunat fut également rejetée. Il voulait que les époux divorcés par consentement mutuel pussent se remarier ensemble. Le Conseil d'État rejeta cette proposition sans la discuter, et admit que les époux ne pourraient contracter ensemble un nouveau mariage quelle que fût la cause du divorce.

Une autre disposition souleva un très-vif débat dans le sein du conseil d'État. La séparation prononcée pour tout autre cause que pour adultère pouvait être convertie en divorce après trois ans, sur la demande du défendeur originaire (art. 310). Cambacérès s'éleva avec raison contre cette disposition, démontrant qu'elle constituait une grave atteinte à la liberté de conscience du demandeur originaire, qui se trouverait ainsi divorcé malgré lui, quoique ses convictions religieuses protestassent contre une telle situation, d'autant plus fâcheuse pour lui qu'il avait lui-même obtenu la séparation.

Nous n'avons pas à entrer dans les détails de l'organisation du divorce, tel qu'il a été inséré dans le Code; cette étude serait en dehors de notre cadre. Le divorce, du reste, disparut en 1816, à une époque où les idées religieuses reprenaient faveur.

Le représentant de ces idées, M. de Bonald, en 1803, au moment où l'on discutait le Code civil, avait vivement protesté au nom des consciences catholiques sur le maintien du divorce dans notre législation; mais en vain. En 1816, le philosophe chrétien reprit sa thèse avec une nouvelle vigueur devant les chambres; son triomphe était assuré. Sur sa proposition, et le rapport du député Trinquelague, une adresse au roi fut votée « pour le « supplier d'ordonner que tous les articles relatifs « à la dissolution du mariage, et au divorce fussent « retranchés du Code civil. » La Chambre des pairs adopta une résolution semblable, et le roi présenta le projet de loi qui devait être la loi de 1816. Le divorce était aboli; toutes les demandes encore pendantes étaient converties en demandes en séparation de corps; les jugements en divorce restés sans exécution, ne devaient avoir que les effets de la séparation de corps, et tous les actes faits pour parvenir au divorce par consentement mutuel étaient annulés.

Cette loi fut votée d'acclamation, et, il faut le dire, avec une précipitation regrettable. Comme en 1792, le divorce, qui n'est en réalité qu'une question sociale, devint, par suite des passions de parti, une question politique; on avait hâte en 1816 de prendre une revanche de la loi de 1792, et telle était l'impatience des adversaires du divorce, qu'ils ne prirent pas garde qu'en ne réglementant pas la matière de la séparation avec plus de détails, ils laissaient sans les combler des lacunes fâcheuses. Ces lacunes n'échappèrent pas à M. de Corbière qui, à la Chambre des députés, faisait observer qu'il était nécessaire de réviser la loi sur la séparation. « Mais, ajoutait-il, il faut pour cela une ma- « turité et une sage lenteur que ne comporte pas la « fin prochaine que vous avez le droit d'espérer de « votre session. » Comment, en effet, demander la lenteur et la maturité à des esprits si fortement prévenus contre le divorce. « C'en était fait de la « société, s'écriait un pair de France, si l'opinion « publique n'eût été, malgré le malheur des temps, « moins corrompue que la législation elle-même. » M. de Trinquelague disait de son côté : « La loi « qui consacre cet attentat (le divorce) est du 20 sep- « tembre 1792, c'est-à-dire douze jours après le « massacre des prêtres, des pontifes et d'une foule « innombrable de victimes immolées à la haine de « la religion, de la royauté et de nos lois antiques. » Il comparait plus loin la loi du divorce « à des cou- pables de notoriété publique que la justice met hors la loi, et qu'elle condamne au dernier supplice sur leur seule identité. »

Le divorce fut donc aboli purement et simplement, et l'on remit à plus tard le soin d'organiser
la séparation de corps. Le 7 décembre 1816, le duc
de Richelieu déposa sur le bureau de la chambre
des pairs un projet de loi réglant les effets de la
séparation. La chambre des députés nomma une
commission pour examiner cette question; mais
tout en resta là.

De même que le parti royaliste avait inscrit l'a-
bolition du divorce dans son programme, la démo-
cratie rangea son rétablissement au nombre de ses
plus chères convictions. En 1831, elle crut le moment bien choisi pour arriver à son but, et un projet de loi en ce sens fut proposé à la chambre des
députés, soutenu par M. Odilon Barrot et voté;
mais il vint échouer devant la chambre des pairs.
En 1834, autre tentative, suivie d'un pareil insuc-
cès. Enfin, en 1848, M. Crémieux, ministre de la
justice, présenta, à l'Assemblée constituante, un
projet de loi qui fut retiré quelques mois plus tard
par M. Marie, et qui ne fut jamais discuté.

DROIT FRANÇAIS

DE LA SÉPARATION DE CORPS.

Nous avons vu la séparation de corps réjetée à la fin du titre du divorce et réglementée en six articles ; de là de nombreuses lacunes que la loi n'a pas comblées. Aussi, un principe qui domine la matière, et que nous ne devons pas perdre de vue dans cette étude, c'est que dans les questions que la loi n'aura pas prévues, il faudra recourir aux dispositions édictées par elle en vue du divorce, lorsque ces dispositions ne seront pas incompatibles avec la nature de la séparation de corps, c'est-à-dire le maintien du lien conjugal. Cette extension est bien dans l'esprit de la loi, qui, elle-même, fait ce renvoi quand, dans l'art. 306, elle dispose que les causes de séparation seront les mêmes que celles du divorce. Du reste, la discussion du projet de loi ne peut laisser de doute à cet égard. Cette règle d'interprétation trouve un nouvel appui dans la loi de

1816, qui a rapproché la séparation de corps du divorce en décidant que les demandes en divorce pendantes au moment de sa promulgation seraient converties en demandes en séparation.

A la différence du divorce, la séparation relâche le lien conjugal sans le détruire; aussi les époux séparés seront-ils dispensés de certains devoirs découlant de la communauté d'habitation. C'est ce que démontre Pothier dans sa définition de la séparation. « La séparation d'habitation, dit-il, est la décharge qui, pour de justes causes, est accordée par le juge à l'un des conjoints par mariage, de l'obligation d'habiter avec l'autre conjoint et de lui rendre le devoir conjugal, sans rompre le lien de leur mariage (1). » De cette idée que le lien conjugal est seulement relâché, il s'ensuit que tous effets du mariage subsistent, et ceux-là seuls qui sont une conséquence de la vie commune s'évanouissent.

La séparation intéresse trop l'honneur des familles pour que le juge ne la considère comme un remède dangereux, et l'accorde avec précipitation, sans avoir mûrement étudié la gravité des causes invoquées. Aussi doit-il se pénétrer du conseil que Merlin donnait à cet égard : « Il doit se tenir dans « un sage milieu entre une molle indulgence et une « rigueur outrée. »

---

(1) Contrat de mar., n° 512.

CHAPITRE PREMIER.

CAUSES DE LA SÉPARATION.

L'art. 306 fait, comme nous l'avons dit, un renvoi à la matière du divorce par causes déterminées ; il étend ces causes de divorce à la séparation de corps. C'est donc aux arts 229 à 233 que nous devons nous reporter pour en trouver l'énumération.

On peut se demander pourquoi la loi n'a pas permis le divorce par consentement mutuel ; cela parait un inconséquence du législateur de 1804. Comment, peut-on dire, le consentement des deux époux assez puissant pour rompre le lien conjugal, ne pourrait-il pas en produire le relâchement ? Voici le motif de cette inconséquence apparente. Il ne faut pas que la séparation de corps soit le résultat du caprice des époux, caprice qui serait d'autant plus à craindre que dans la séparation il n'y a rien de définitif. On pourrait en effet concevoir les conjoints se séparant trop facilement en se réservant ainsi le droit de rétablir plus tard leur union. Ce danger n'existait pas pour le divorce puisque tout est irrévocable ; les époux divorcés perdaient tout espoir de se remarier ensemble. Il n'y avait donc pas lieu de soupçonner un consentement donné trop légèrement. La séparation par consentement mutuel aurait pu en outre être le résultat d'un concert frauduleux entre les époux pour tromper les tiers. En simulant une séparation de corps, ils auraient obtenu comme conséquence la séparation de biens ; puis par une réconciliation, ils auraient rétabli la vie commune, sans rétablir le contrat de mariage sur les bases antérieures. C'est ce que Toullier explique parfaitement quand il dit : « On a « considéré qu'étant impossible de soumettre la « séparation aux mêmes conditions restrictives que « le divorce par consentement mutuel, elle devien- « drait plus abusive dans la pratique, que d'ail- « leurs conciliant à la fois les honneurs du mariage « avec l'attrait d'une vie indépendante, elle devien- « drait une mode perverse, dont le torrent en- « traînerait tout ce qui est sur le penchant de la « licence ; enfin elle deviendrait un moyen de « fraude contre les créanciers des époux, qui « choisiraient la séparation de corps de préférence « à la séparation de biens dans laquelle les créan- « ciers peuvent intervenir pour la conservation de « leurs droits. »

Tels sont les motifs qui ont fait rejeter par la loi cette cause de séparation. Si donc les époux se séparaient à l'amiable, le lien conjugal ne serait pas même relâché, tous les effets du mariage subsisteraient et notamment le devoir de cohabitation.

Les seules causes de séparation de corps sont donc : 1° l'adultère de l'un des époux (art. 229 230)

2º les excès, sévices ou injures graves (231), 3º la condamnation de l'un des époux à une peine infâ-
mante (232). Chacune de ces causes va faire l'objet
d'un paragraphe spécial.

§ I. *Adultère de l'un des époux.*

C'est l'infraction la plus grave au devoir réciproque des époux ; aussi de tout temps la violation de
la fidélité conjugale a eu pour effet soit de dissoudre le mariage, soit d'amener la séparation. De tout
temps aussi le législateur a vu dans l'adultère de la
femme une faute bien plus répréhensible que dans
celui du mari et cela en raison des conséquences de
cette faute. Ecoutons Montesquieu sur ce point, se
demandant pourquoi les lois de tous les pays ont
exigé chez les femmes un degré de continence plus
grand que chez les hommes, il répond : « parceque,
« la violation de la pudeur suppose chez la
« femme un renoncement à toutes les vertus ;
« parce que la nature a marqué l'infidélité de la
« femme par des signes certains ; outre que les en-
« fants adultérins de la femme sont nécessaire-
« ment au mari, et à la charge du mari au lieu que les
« enfants adultérins du mari ne ne sont pas à la
« femme et à la charge de la femme. » (1).
Le Code civil a suivi la tradition et a nettement

---

(1) *Esprit des Lois,* liv. **XXVI**, ch. 8.

distingué entre l'adultère du mari, et celui de la femme. Tandis que ce dernier donne au mari le droit de demander la séparation en quelque lieu qu'il ait été commis, et sans exiger qu'il y ait eu des relations suivies entre la femme et son complice, l'adultère du mari doit présenter cette circonstance particulière *qu'il a tenu sa concubine dans la maison commune*. (230) D'après l'art. 339 du code pénal, il faut que le mari ait *entretenu sa concubine dans la maison conjugale*. Les expressions impliquent bien l'idée de relations continues et non de faits passagers, accidentels, même commis dans le domicile commun. Il faut en outre que ce soit avec la même femme que le mari ait eu ces relations adultérines pour qu'elle constituent un état de concubinage, capable de faire prononcer la séparation de corps.

Mais le mot *entretenue* employé par la loi n'indique pas la nécessité que la concubine ait vécu aux frais du mari, qu'elle ait reçu de lui des libéralités. « C'est le désordre de ses mœurs qui constitue l'outrage, » dit M. Demolombe (1). Il faut donc, mais il suffit, qu'il y ait concubinage du mari dans la maison commune; mais peu importe à quel titre la concubine y demeure (2).

Une opinion s'attachant plus à la lettre de la loi qu'à son esprit, enseigne que la femme peut fonder

---

(1) T. IV, n° 370.
(2) Massol, *Séparat. de corps*, n° 11, p. 35.

une demande en séparation fondée sur l'adultère
de son mari, dans le cas seulement où celui-ci a introduit lui-même la concubine dans la maison conjugale, ou du moins où il l'a retenue malgré sa
femme. Si donc c'est l'épouse légitime qui a fait
venir et installé au domicile conjugal une femme
qui est aujourd'hui la concubine du mari, il n'y a
pas lieu à séparation, car, en ce cas, on ne peut
dire que le mari a tenu sa concubine dans la maison commune (1).

Ce raisonnement est trop subtil pour être juste.
Il faut décider que dans cette hypothèse, il y a lieu
à séparation. Le fait du mari est-il moins grave,
moins blessant pour l'épouse? Les bonnes mœurs,
la paix des ménages ne réclament-elles pas que
l'adultère du mari soit d'autant plus sévèrement
puni en cette circonstance, que c'est là le cas le
plus fréquent et le plus à craindre. Le texte du
reste n'exige pas que le mari ait introduit sa concubine dans la maison, mais seulement qu'il l'ait
entretenue. Bien plus dans la discussion, Tronchet
ayant voulu mettre cette condition à l'admission
de l'adultère du mari comme cause de divorce,
cette demande ne fut pas prise en considération.
Il est donc permis de conclure que cette circonstance aggravante n'est pas nécessaire pour que la
femme obtienne la séparation (2).

---

(1) Marcadé, t. I, p. 507.

(2) Demolombe, t. IV, n° 373; Aubry et Rau, t. V, p. 174; Cassat.
26 juillet 1853.)

Que faut-il entendre par ces mots : *maison commune?* ou *maison conjugale?* C'est suivant MM. Aubry et Rau la maison ou le mari « avait « établi sa demeure, et où il avait par conséquent « le droit de forcer sa femme à le suivre, et le de- « voir de la recevoir. » (1) D'après cela, ce n'est pas seulement dans le domicile du mari tel qu'il est déterminé par l'art. 102, mais dans une simple résidence que l'entretien de la concubine peut donner lieu à la séparation. Partout en effet où le mari réside, la femme a le droit d'y demeurer (214) et ce lieu devient la maison commune ou conjugale. (2)

Que décider si la femme n'habite pas la maison où le mari demeure avec sa concubine? y a-t-il en ce cas lieu à la séparation de corps? Non, dit-on, dans une opinion, la résidence du mari n'est pas en ce moment la maison commune, dont parle en ce moment l'art. 230, puisque la femme n'y habite pas. Et puis, ajoute-t-on, quel est le fondement de cette sévérité de la loi pour l'adultère du mari qui a tenu sa concubine dans la maison commune? c'est qu'à sa faute se joint cette circonstance aggravante d'avoir rendu sa femme témoin de son infidélité, et donné à ses enfants le plus funeste exemple. Dans le cas qui nous occupe, il n'y a plus d'outrage à la femme, qui n'est pas exposée à

---

(1) T. V, p. 174.

(2) Massol, *Séparat.*, page 31, n° 8; Demante, t. II, n° 6 bis, II; Demolombe, t. IV, n° 374.

une rivalité insultante. C'est ce que Justinien avait
bien compris dans sa Novelle CXVII (1), ainsi que
les rédacteurs du projet de loi de 1816 qui exi-
geaient, pour que l'adultère du mari donnât lieu à
la séparation, que celui-ci ait tenu sa concubine
dans la maison commune, « sa femme y résidant. »
Il faut donc admettre que lorsque le mari habite
avec sa concubine dans un lieu où ne se trouve
pas la femme, celle-ci ne peut fonder une demande
en séparation pour cause d'adultère.

Cette opinion ne doit pas être suivie. Étant
donné le principe que la femme a le droit d'habiter
partout où réside son mari. La maison où il vit avec
sa concubine est la maison conjugale, quoique la
femme n'y réside pas actuellement, peut être parce
qu'il l'a chassée ou abandonnée, circonstances singulièrement aggravantes de la faute du mari et
qu'il serait bien bizarre de présenter comme une at-
ténuation capable de faire repousser la demande en
séparation. Peut être aussi la femme, cédant devant le scandale que donnerait au public cette rivalité, a mieux aimé se retirer devant son ennemie.
La Novelle de Justinien qu'on nous oppose, n'a
rien à faire dans cette discussion, et le projet de
loi de 1816 est toujours resté à l'état de projet. Il
faut prendre la loi comme elle est, et non comme
elle aurait pu être, et décider que la femme peut
fonder une demande en séparation pour adultère

____

(1) Nov. CXVII, ch. 9, § 5.

du mari, même quand elle n'habite pas le même lieu que le mari et la concubine (1).

Quand le président, pendant l'instance en séparation a autorisé la femme à résider séparément, la maison du mari est toujours la maison conjugale ; ainsi, l'adultère qu'il y commettrait avec les circonstances que nous savons, donnerait lieu à une demande en séparation (2).

Il s'est présenté, dans la pratique, la question de savoir s'il y a lieu à séparation de corps quand le mari a entretenu sa concubine dans la même maison que celle où se trouve le domicile conjugal, mais dans un appartement séparé. Peut-on dire, en ce cas, que la concubine est dans la *maison commune*? Répondre affirmativement, ce serait, selon nous, interpréter judaïquement le texte de l'art. 230 et donner au mot *maison commune* une extension qu'il ne comporte pas. On ne peut considérer dans l'espèce comme la maison conjugale, une maison dont les époux n'habitent qu'une infime partie. Dans nos habitudes modernes, on peut dire que chaque appartement forme une maison distincte. Ce qui est le domicile conjugal, c'est ce qui sert à l'habitation des époux, c'est leur intérieur, et tant que la concubine n'y demeure pas, il n'y a pas d'adultère du mari donnant lieu à la séparation. Qu'on

____

(1) Paris, 20 juin 1839 ; Cassation, 13 décembre 1857 ; Demolombe, t. IV, n° 373 ; Marcadé, t. I, p. 591 ; Massol, *Séparat. de corps*, n° 8, p. 31.

(2) Cassat., 27 avril 1839 ; Demolombe, t. IV, n° 376.

n'objecte pas le scandale donné par le mari, presque sous les yeux de sa femme, de ses enfants, de ses domestiques, scandale méritant d'être puni aussi sévèrement que s'il avait tenu sa concubine dans l'intérieur du ménage. Si l'on entrait dans cette voie, où s'arrêterait-on? Il faudrait accorder la séparation toutes les fois qu'il y a scandale public, dont les enfants pourraient être témoins, ce qui est évidemment inadmissible. L'esprit de la loi est donc de restreindre le mot *maison conjugale* dans les limites exigées par la logique. Il ne faudrait pas croire cependant que dans l'espèce présente, l'adultère du mari restera impuni. Les juges, usant de leur pouvoir d'appréciation, pourront voir dans la conduite du mari une injure grave donnant lieu à la séparation (1).

Il ne faudrait pas croire que l'adultère du mari ne présentant pas les caractères de gravité exigés par la loi pour donner lieu à la séparation, ne puisse être considéré comme un outrage pour la femme. Les juges ont à apprécier une foule de circonstances de fait qui constituent l'injure. Mais comme l'adultère a ses degrés, on ne peut en conclure que toute infidélité de la part du mari est une cause de séparation de corps.

Parlons de l'adultère de la femme. Il donne lieu à la séparation de corps en quelque endroit qu'il

---

(1) Cassat., 29 nov. 1853; Demolombe, t. IV, n° 371. — Massol, *Séparat. de corps*, p. 36, n° 8.

ait été commis, et quelles que soient les circonstances.

Une femme qui se croit veuve, vit en concubinage avec un autre homme; le mari pourra-t-il la
poursuivre pour adultère? A-t-elle le droit d'invoquer sa bonne foi? M. Massol admet que la femme
n'est pas excusable, et ne pourra faire repousser
la demande du mari en s'appuyant sur sa bonne
foi (1). Cette femme est encore mariée; l'absence,
aussi longtemps qu'on la suppose prolongée, l'abandon même le plus outrageant ne rompent le mariage. La femme qui se croit veuve commet donc
un adultère que le mari a le droit de poursuivre,
et d'alléguer pour obtenir la séparation. Du reste,
ajoute l'auteur cité plus haut, « la femme ne se dis-
« simulait pas que sa conduite était contraire à la
« morale, comment invoquerait-elle sa bonne foi?

L'adultère n'est pas seulement une atteinte à la
foi conjugale; la loi le considère comme un délit
punissable de peines correctionnelles. L'art. 308
dispose que « la femme contre laquelle une con-
« damnation sera prononcée pour cause d'adultère,
« sera condamnée par le même jugement, et sur la
« réquisition du ministère public, à la réclusion
« dans une maison de correction, pendant un
« temps déterminé, qui ne pourra être moindre de
« trois mois, ni excéder deux ans. » Cet article
contient une inexactitude qu'il faut signaler. Ce

---

(1) Massol, *op. cit.*, p. 28, n° 6.

n'est pas la réclusion qui frappe la femme, car elle dure cinq ans au moins, et le condamné le subit dans une maison de force. (art. 21, C. pénal). Or, la femme est enfermée dans une maison de correction et cette peine ne peut durer plus de deux ans. Il faut dire que la femme est punie, non de la réclusion, mais d'un emprisonnement correctionnel (art. 337, C. pénal).

Cette peine présente plusieurs dérogations au droit commun qui ne peuvent s'expliquer que par le caractère particulier du délit qu'il s'agit de punir.

1° C'est le tribunal civil qui condamne la femme. On pourrait s'étonner de voir le tribunal civil prononcer une peine; telle n'est pas sa mission ordinaire; mais l'historique de l'art. 308 explique cette anomalie. Depuis la loi du 20 septembre 1792, l'adultère de la femme restait impuni. Le législateur de 1804, impatient de faire cesser cette impunité, ne voulut pas attendre la rédaction du Code pénal et attacha une pénalité à *l'adultère de la femme* dans le Code civil lui-même.

La raison qui justifie cette mission du tribunal est celle-ci : les juges statuant sur la séparation sont suffisamment éclairés sur les faits du délit de la femme; il est donc bien inutile de recommencer un débat sur des faits déjà connus, et de multiplier ainsi un scandale déjà trop grand, et dont l'époux innocent est le premier à souffrir.

Cette mission du tribunal civil a un caractère

trop exceptionnel pour qu'on puisse l'étendre par
analogie hors dés termes stricts de l'art. 308. Aussi
cet article n'est applicable qu'au délit de la femme
et non à celui du mari, ou à celui du complice de la
femme (333 C. pénal). Remarquons également que
l'art. 303 exige que la condamnation à cette peine
ait lieu par le même jugement que celui qui prononce la séparation. D'où il faut conclure que si le
tribunal avait omis de prononcer la peine en pro-
nonçant la séparation, il ne pourrait plus le faire
ensuite (1).

2° Le ministère public ne peut poursuivre l'adultère de la femme que sur la plainte du mari. (336-
337-339). En principe, l'action publique n'appartient pas aux particuliers; c'est le ministère public
qui l'exerce au nom de la société qu'il représente.
Dans le cas qui nous occupe, la loi a subordonné
la poursuite à la dénonciation de l'époux lésé ; elle
a pensé que le mari était le meilleur juge de l'action, et le plus intéressé à savoir s'il valait mieux
laisser impunie la faute de la femme que de la divulguer au grand jour par la publicité d'un débat,
toujours très-irritant, et qui pourrait détruire par
là tout espoir d'une réconciliation future.

De ce principe que le mari est seul recevable à
dénoncer l'adultère de sa femme, découle cette conséquence que si le mari succombe dans l'instance

---

(1) Demolombe. t. IV, n° 381.

en séparation, le ministère public ne pourra inter-
jeter appel (1).

La condamnation prononcée d'office par le tribunal dans le cas de l'art 308 ne viole pas le principe
qui veut que le mari ait seul le droit de dénoncer
l'adultère de sa femme. Cette peine est implicitement demandée par le mari quand il invoque la
faute de sa femme pour faire prononcer la séparation. La preuve en est dans l'art. 309, d'après lequel le mari peut arrêter l'effet de cette condamnation en reprenant sa femme. Si donc, il s'oppose à
la condamnation, elle ne sera pas prononcée contre
elle. Mais, de son côté, la femme a le droit de refuser
cette grâce, et de préférer la prison au retour dans
la maison conjugale (2).

Ce droit de grâce est une dérogation au droit
commun ; un particulier ne peut faire remise d'une
peine prononcée par un tribunal. On a considéré
ici que le mari dont l'honneur avait reçu une si
cruelle injure, et en faveur de qui la condamnation
de la femme avait été prononcée avait le droit de
pardon. Il est bien entendu que le mari ne peut
faire grâce au complice de la femme condamné
pour adultère.

Avant le Code pénal, le mari qui voulait faire
punir sa femme pour adultère, devait demander la
séparation. Aujourd'hui, il n'en est plus ainsi. Les

---

(1) Massol. op. cit., p. 21, n° 3.
(2) Cassat., 3 fév. 1811.

art. 336 à 339 C. pénal, permettent au mari de porter plainte contre sa femme devant le tribunal de répression ; mais il perd le droit de la faire punir, s'il est lui-même coupable d'avoir entretenu une concubine dans la maison commune.

L'art. 339 consacre une autre inégalité entre l'adultère du mari et celui de la femme. Celle-ci est punie, comme nous l'avons vu, d'un emprisonnement de trois mois à deux ans; tandis que le mari qui aura entretenu une concubine au domicile conjugal n'est frappé que d'une amende de deux cent francs à deux mille francs.

Le mari joue donc dans la famille en quelque sorte le rôle d'un magistrat, gardien de l'honneur de son foyer. Aussi répugnerait-il de le voir, quand il est mineur, être obligé de recourir à une autorisation quelconque pour dénoncer l'adultère de sa femme. C'est lui qui est le seul juge dans cette affaire de famille, l'intervention d'un tiers serait déplacée. Il faut admettre la même solution pour identité de motifs s'il s'agit d'un interdit qui veut poursuivre l'adultère de sa femme. Le tuteur ne peut le représenter en ce cas (1).

§ 2. *Excès, sévices, injures graves.*

Les *excès* sont des violences physiques exercées par un conjoint contre l'autre, et de nature à mettre son existence en danger. Les *sévices* sont des

---

(1) Massol, *op. cit.*, p. 23, n° 5.

actes de méchanceté ne menaçant pas la vie du conjoint qui en est victime, mais qui par leur fréquence
présentent un caractère d'hostilité tel que la vie
commune est devenue impossible. Enfin, les *injures* comprennent non-seulement les paroles in-
sultantes pour l'honneur du conjoint, mais encore
les écrits ou les faits qui dénotent une haine profonde d'un époux contre l'autre, ou au moins un
mépris non équivoque.

Ce qui peut nous éclairer sur le sens du mot
excès, c'est que ce mot a été mis dans la loi pour
remplacer celui d'*attentat à la vie* que le projet du
Code voulait donner comme cause de divorce. Le
Tribunal fit supprimer cette disposition par la
considération qu'il ne fallait pas mettre l'époux
demandeur dans la nécessité de ne pouvoir invoquer cette cause de divorce. « sans courir le risque
« de traîner son conjoint sur l'échafaud. » Le mot
excès remplaça donc celui d'*attentat à la vie*, et eut
pour but de reproduire, en l'élargissant, l'idée que
le mot *attentat* exprimait (1) et destiné à faire une
opposition au mot *sévices*.

C'est surtout quad il s'agira de sévices et d'injures graves que la sphère d'appréciation du juge
s'étend. Le caractère de gravité de l'injure varié en
effet suivant la position sociale des époux, leur
éducation, leurs habitudes; toutes ces circonstan-

---

(1) Locré. *Législat. civ.*, t. V, p. 103, 183, 262; Aubry et Rau, t. V,
p. 175, note 8.

ces influent sur le plus ou moins de gravité du fait invoqué. La publicité donnée aux injures et aux sévices, la qualité des personnes devant qui les faits incriminés se sont passés doivent être pour le juge des considérations très-puissantes. La provocation de l'époux demandeur, les reproches qu'il a adressés à son conjoint, surtout s'ils sont immérités, viennent souvent atténuer la faute dont il se plaint. La loi s'est bornée à poser le principe ; elle s'en rapporte, pour l'appréciation des faits, à l'interprétation et au discernement du tribunal.

Il faut, toutefois, que le dissentiment des époux soit sérieux ; le juge ne devra pas, sur une querelle passagère, prononcer une séparation que l'époux a demandée sous l'empire d'une colère violente, et dont plus tard il regretterait les effets. C'est ce qu'exprime Treilhard dans l'exposé des motifs : « Il est à observer qu'il ne s'agit pas ici de simples « mouvements de vivacité, de quelques paroles « dures, échappées dans des mouvements d'humeur « ou de mécontentement, de quelques refus, même « déplacés de la part d'un des époux, mais de véri- « tables excès, de mauvais traitements personnels, « de sévices dans la rigoureuse acception de ce « mot, sævitia, cruauté, et d'injures portant un « grand caractère de gravité. »

Les voies de fait sont généralement regardées comme donnant lieu à la séparation. Cependant, la Cour de Chambéry a admis une solution contraire. « Autant la femme doit être protégée, dit

« cet arrêt, contre une brutalité imméritée et per-
« sistante, autant il est impossib e de ranger tou-
« jours parmi les injures et les sévices graves les
« actes de correction ou même de vivacité mari-
« tale (1). »

Les principes que nous venons de poser seront
mis en lumière par quelques espèces.

Le reproche immérité d'adultère adressé à la
femme, le refus du mari de la recevoir chez lui, le
refus de la femme d'habiter avec le mari, telles sont
les injures graves dans lesquelles les tribunaux ont
vu des causes de séparation (2).

Le refus, de la part de l'un des époux, de con-
sommer le mariage pourrait être considéré comme
une injure grave (3). Observons toutefois que le
désaveu de paternité, même rejeté, ne doit pas
donner à la femme le droit d'obtenir la séparation,
quand elle a inspiré à son mari des soupçons sur sa
fidélité (4).

Le mari désavoue l'enfant né avant le cent qua-
trevingtième jour, et il triomphe. Peut-il demander la séparation contre sa femme ? Oui, une injure
grave lui est faite; car, quoique la faute soit antérieure au mariage, elle ne devient notoire qu'après

---

(1) Arrêt du 4 mai 1572.
(2) Paris, 17 a a:s 1836 ; Rennes, 21 août 1833 ; Aubry et Rau, t. V°
p. 173 ; Marsol, *Séparat. de corps*, p. 47, n° 7 ; Demolombe, t. IV°
n°° 3.7-133.
(3) Metz. 25 mai 1809.
(4) Paris, 13 juill.t 1870.

la célébration. La femme a trompé celui qu'elle épousait, elle doit en être punie par la séparation contre elle (1).

Une question qui a passionné les esprits est celle de savoir si le refus de procéder à la célébration religieuse du mariage constitue une cause de séparation de corps. Sans admettre qu'il y a là une nullité entachant le mariage, et dérivant de l'erreur sur la personne (2), la jurisprudence dans de nombreux arrêts a vu dans ce refus une injure grave pour l'époux ainsi blessé dans sa conscience, et accordé la séparation (3). Mais ce remède à une situation si malheureuse pour l'époux innocent, a paru insuffisant à certains esprits, et ils ont cherché par différents moyens à prévenir le mal (4).

Le refus du père de faire baptiser son enfant, la défense pour la femme de remplir ses devoirs religieux, sont également des causes de séparation. On peut voir dans ces deux cas l'insulte la plus cruelle adressée à la femme dans ses sentiments les plus intimes, que le mari s'était tacitement engagé à respecter (5).

Quant au changement de religion de l'un des

---

(1) Massol, *op. cit.*, p. 19, n° 9.

(2) Marcadé, art. 180, n° 5.

(3) Montpellier, 4 mai 1817. — Angers 20 janvier 1851. — Aubry et Rau T. V. p. 176. — Demolombe. T. IV. n° 390.

(4) Batbie. *Révision du Code Napoléon Correspondant*, année 1866 n° 70.96. — Duverger. *Revue critique* 1866. T. XXVIII. p. 325.

(5) Demolombe. T. IV, n° 390.

époux, l'autre ne peut l'invoquer pour fonder sa demande en séparation. Il n'y a là en effet ni injure, ni outrage, mais seulement l'exercice d'un droit.

Que dire de la communication du mal vénérien ?

Pothier ne la considérait pas comme une cause de séparation (1). Il donnait pour motif à son opinion, comme nous l'avons vu, que ce mal est parfaitement curable, et ne pouvait par conséquent servir de fondement à une demande en séparation. Sans être aussi affirmatif que lui, nous dirons que c'est une question de fait dépendant de bien des circonstances, par exemple de l'ancienneté de la maladie, de la bonne foi de l'époux malade. Quand c'est la femme qui est atteinte de ce mal la première, ou la maladie sera postérieure au mariage, et alors le mari pourra traduire sa femme devant les tribunaux comme coupable d'adultère, ou elle sera antérieure à la célébration, et alors le mari pourra se plaindre d'une injure très-grave et obtenir la séparation (2).

Quant aux autres maladies dont l'un des époux est atteint, elles ne peuvent donner lieu à séparation de corps.

Il est certain que les injures graves que s'adressent réciproquement les époux au cours de l'instance en séparation, ne doivent pas faire prononcer la séparation, lorsque la demande n'est pas autrement

---

(1) *Contr. de mar.* n° 514.

(2) Toulouse 30 janvier 1821, — Paris, 2 février 1866. — Massol *op. cit.* p. 43. n° 8. — Aubry et Rau T. V. p. 176. — Demolombe. T. IV, n° 382.

justifiée. Ces querelles publiques pourraient souvent n'être qu'une collision entre les époux pour arriver à une séparation amiable.

L'injure ne résulte pas seulement de paroles, mais d'écrits calomnieux ou diffamatoires répandus dans le public par l'un des époux contre son conjoint. Elle peut aussi être contenue dans une lettre missive; une seule pourra même suffire pour blesser l'époux cruellement, et éteindre à tout jamais l'espoir d'une réconciliation. Quand il verra que la vie commune est impossible, le juge devra prononcer la séparation, en tenant grand compte toutefois de l'intention de l'époux coupable. Le caractère confidentiel de la lettre atténuera peut-être la portée de l'injure, mais ne l'effacera pas complétement. Cependant le juge devra bien prendre garde que cette lettre injurieuse ne soit un moyen d'arriver à une séparation par consentement mutuel (1).

Ici se pose la question de savoir si le demandeur peut produire en justice une lettre confidentielle écrite par son adversaire à un tiers, et si ce tiers peut-être contraint de la représenter au tribunal. Il faut admettre l'affirmative par cette considération qu'aucun texte n'autorise le juge à repousser la preuve que le demandeur fait en présentant la lettre de quelque manière que cette lettre soit tombée entre ses mains, et qu'en outre, du moment que ce demandeur a le droit de faire interroger le tiers des-

____

(1) Massol. *op. cit.* p. 11, n° 5.

tinataire comme témoin, il peut le forcer à représenter la lettre, ou au moins à en déclarer le contenu. Pourquoi distinguer entre les faits que le témoin aura appris de vive voix et ce qui lui aura été connu par la lettre? On a objecté à notre opinion la loi de 1790 qui déclare le secret des lettres inviolable; mais elle n'est pas applicable dans notre espèce; car elle assure seulement l'inviolabilité des lettres non encore arrivées à destination (1).

§ 3. *Condamnation à une peine infamante.*

Treilhard a fort bien indiqué le motif de la disposition de l'art. 232 : « Forcer un époux de vivre « avec un infâme, ce serait renouveler le supplice « d'un corps vivant attaché à un cadavre. » Nous allons voir que la stricte application de la loi conduit à des résultats désavoués par la raison.

Les peines infamantes qui donnent lieu à une demande en séparation de la part du conjoint du condamné sont : 1° les peines afflictives et infamantes comprenant la mort, les travaux forcés à perpétuité, la déportation, les travaux forcés à temps, la détention, la réclusion; 2° les peines simplement infamantes qui sont le bannissement, la dégradation civique (art. 7 et 8, C. pén.).

---

(1) Cassat. 31 mai 1812. — Cassat. 20 juillet 1861. Demolombe T. IV, n° 304. — Massol. od. cit. p. 42 et sq. n° 6.

Il faut qu'il y ait eu condamnation résultant d'un arrêt définitif, c'est-à-dire que le pourvoi contre une condamnation contradictoire ait été rejeté, ou s'il y a contumace que vingt ans se soient écoulés.

Alors le conjoint du condamné peut demander la séparation.

La réhabilitation ou l'amnistie détruisent la cause de la séparation en effaçant l'infamie de la condamnation. Mais l'expiration de la peine subie, la commutation n'auraient pas cet effet, car le déshonneur du condamné n'en existe pas moins.

Il semble bizarre que la condamnation à mort soit une cause de séparation; mais il suffit de supposer que le condamné a obtenu sa grâce pour comprendre que son conjoint a intérêt à ne plus rester lié à un époux perdu dans l'opinion publique.

D'après cette classification des peines, il peut arriver qu'un homme condamné à une peine infamante soit exposé par là à voir son conjoint demander la séparation et l'obtenir, quoique aux yeux de la morale et de l'opinion publique, il soit bien moins coupable qu'un autre, condamné à une peine non infamante, auquel, malgré son déshonneur, son conjoint doit rester lié. Un exemple va montrer la bizarrerie de cette situation. Le fonctionnaire qui concerte une démission collective avec ses collègues, le maire qui hésite à publier une loi, le juge qui fait un arrêt de règlement, ces diverses personnes peuvent être condamnées pour de tels faits à la dégradation civique qui entraîne

l'infamie (art. 127, C. pénal), et donne lieu à la séparation de corps. D'un autre côté, voici un homme
condamné à cinq ans d'emprisonnement pour vol,
escroquerie ou outrage public aux mœurs (art. 401,
C. pénal); l'emprisonnement n'étant pas une peine
infamante, sa femme ne peut se séparer de lui. Ces
résultats de la loi si choquants viennent de ce que
le Code civil a été fait avant le Code pénal, et que
le législateur de 1804 ne connaissait pas la classification des peines, et par conséquent la valeur des
termes qu'il employait.

Il faut donc, pour que la séparation soit possible,
que l'un des époux soit condamné à une peine infamante. Il s'est élevé sur ce point la question de
savoir si une condamnation antérieure au mariage
pourrait avoir cet effet. Oui, disent certains auteurs (1), si le conjoint a ignoré cette condamnation, il a été trompé et ne peut être forcé de passer
sa vie avec une personnne flétrie; mais il ne pourra
invoquer cette cause de séparation quand il aura
connu, avant le mariage, la condamnation qui frappait son conjoint.

Cette distinction ne repose sur aucun texte et est
contraire à l'esprit de la loi. Elle ne parle en effet
que de la condamnation de l'un *des époux*. Or,
dans le cas d'une condamnation antérieure au mariage, le condamné n'avait pas alors la qualité

---

(1) Duranton. T. II 562. — Massol. p. 53, n° 5.

d'époux. Les termes de la loi sont donc contraires à l'opinion que nous combattons. Il serait en outre bien bizarre que la condamnation, toujours entourée d'une grande publicité, n'ait pas été connue du conjoint, et même dans le cas où elle ne l'aurait pas été, il est toujours en faute de ne s'être pas enquis avec assez de soin de la moralité de son futur époux. C'est cette imprudence qu'il faut punir en n'accordant pas la séparation pour ce motif.

Mais si l'époux du condamné antérieurement au mariage ne peut obtenir d'être séparé de lui, sa situation intéressante, nous devons le reconnaître, ne sera pas sans remède. Les juges, au cas où l'époux coupable aura caché son passé à son conjoint, pourront voir dans cette réticence une injure grave et accorder la séparation. Il est vrai que ce ne sera que quand l'époux innocent aura été trompé par son conjoint; mais dans le cas où il aura connu la condamnation, il ne sera pas fondé à l'invoquer pour obtenir la séparation (1).

Quelques personnes ont pensé que l'époux d'un condamné qui s'est marié sans connaître sa faute, pouvait demander la nullité de son mariage pour erreur sur la personne de son conjoint. La Cour de cassation et la Cour de Paris (2), appelées à se prononcer, ont repoussé cette doctrine par ce motif qu'il

---

(1) Demolombe. T. IV. n° 301 — Aubry et Rau T. V. p. 176. — Demante T. II. n° 7 bis. VII.

(2) 4 février 1830, 24 avril 1861.

n'y avait pas là d'erreur suffisante pour détruire le consentement. En outre, cette nullité est circonscrite dans un délai si bref (art. 181), que le plus souvent elle ne serait d'aucun secours pour l'époux trompé. Il vaut mieux lui donner le droit de demander la séparation pour injure; cette demande sera toujours possible, quelque soit le temps écoulé depuis la célébration du mariage.

Telles sont les causes que les époux peuvent invoquer comme remède à une vie commune devenue impossible. Pour que ce remède fût efficace, la loi a dû déclarer nulle la convention par laquelle les époux renonceraient à l'avance au droit d'invoquer la séparation. Cette faculté est d'ordre public et au-dessus de toute convention des parties. On aurait pu craindre que la clause, si elle avait été valable, ne fut devenue de style, ce qui aurait détruit cette faculté si précieuse pour les époux, et aurait laissé le conjoint désarmé en présence des torts de son conjoint envers lui.

CHAPITRE II.

DES FINS DE NON RECEVOIR OPPOSABLES A LA DEMANDE EN SÉPARATION.

La seule fin de non recevoir que le code présente comme opposable à la demande en séparation est la réconciliation des époux. Il est vrai que les art. 272 à 275 sont dans le titre du divorce, mais on ne peut douter que ces articles ne soient applicables à notre matière. Ils sont parfaitement compatibles avec la nature de la séparation de corps. Quoi de plus rationnel que d'admettre l'époux innocent à faire grâce à son conjoint coupable? Ce pardon éteignant tout ressentiment de la faute, éteindra également l'action pour la punir. N'oublions pas aussi que dans l'ancien droit la réconciliation avait pour effet d'arrêter le cours de la procédure (1).

La réconciliation se déduira de circonstances particulières, d'un ensemble de faits que les tribunaux auront à apprécier; leur pouvoir est souverain sur ce point. La continuation de la vie commune, la grossesse de la femme, son retour au domicile conjugal après l'avoir quitté, toutes ces circonstances

---

(1) Demolombe. 1. IV n° 402. — Aubry et Rau. T. V. p. 185.

donnent au juge des indices pour décider si la réconciliation est bien réelle. Toutefois il faut pour
que ces faits démontrent l'intention de se récon-
cilier que l'époux demandeur ait déjà connu les
torts de son conjoint.

Le silence de l'époux sur les faits qu'il invoque
aujourd'hui aussi long qu'il ait été, n'est pas une
fin de non-recevoir. La loi n'a pas déterminé de
délai dans lequel le demandeur devrait intenter son
action. Il pourra être pris en considération par le
juge, mais doit-on y voir une réconciliation? Ce
sera là une question de fait (1).

Quelques auteurs demandent qu'on applique
dans le cas qui nous occupe la prescription trente-
naire; les faits antérieurs à cette date étant effacés
par prescription (2). Mais, remarquons que la loi
n'a pas fixé de délai dans lequel l'époux offensé devrait invoquer les faits de nature à obtenir la séparation. Cependant si c'est le mari demandeur pour
cause d'adultère de sa femme et que la prescription
des art. 637 et 638 du Code d'instruction criminelle
est acquise, les juges ne pourront appliquer à la
femme la peine correctionnelle de l'art. 308 comme
punition de son délit; elle est éteinte par le laps de
temps fixé par la loi. Quant à la demande en séparation pour le même fait, l'action du mari est im-
prescriptible (3).

(1 Demolombe. T. IX. n° 40.
(2 Aubry et Rau. T. V. p. 187.
(3 Demolombe. T. IV. n° 409.

La survenance de nouvelles offenses depuis la réconciliation fait revivre les anciennes. Cela est utile à observer, surtout quand la seconde faute ne suffirait pas à elle seule à faire prononcer la séparation. « Il y a certains faits d'injure, dit M. Demante, qui tirent surtout leur gravité de leur multiplicité (1). » Aussi l'époux pourra-t-il avec plus de force invoquer cette multiplicité d'offenses, quoique les premières aient été effacées par le pardon, ou n'aient pas été considérées comme assez graves dans une première instance pour faire prononcer la séparation. Il n'y a pas ici de chose jugée à invoquer, ce sont des moyens nouveaux d'une cause nouvelle (2).

Faut-il appliquer à la femme demanderesse en séparation la disposition de l'art. 269, d'après laquelle la femme demanderesse en divorce et autorisée à habiter séparément, devait justifier de sa résidence dans ce lieu, chaque fois qu'elle en était requise, sinon son mari pouvait la faire déclarer non recevable à continuer les poursuites? Beaucoup d'auteurs répondent que les pénalités ne s'étendent pas hors des cas prévus par voie d'analogie (3). Mais remarquons qu'il s'agit ici non d'une peine véritable, mais d'une déchéance civile. Il y a en outre un argument *à fortiori* pour étendre la dispo-

---

(1) Demante. T. II. n° 11 bis III.

(2) Aubry et Rau T. V. p. 136 — Demolombe T. IV. n° 121. — Massol op. cit. p. 70 n° 5.

(3) Cass. 29 juin 1868, — Aubry et Rau. V. p. 196.

sition de l'art. 269. La séparation de corps n'a pas
comme le divorce, l'effet de briser le lien conjugal;
elle le laisse subsister; donc le mari a d'autant plus
le droit de surveiller la conduite de sa femme,
qu'elle restera toujours son épouse quoique séparée
de lui. Nous le savons, la matière de la séparation
de corps telle qu'elle a été réglée par le code, ne peut
se suffire à elle-même; l'interprète est souvent
obligé de recourir aux dispositions édictées pour le
divorce, tant que ces dispositions sont compatibles avec le maintien du lien conjugal. Or celle dont
nous parlons, non seulement ne répugne pas à la
nature de la séparation de corps, mais elle est morale et utile; car sans elle l'art. 878 C. de proc.
n'aurait pas de sanction (1).

·Une seconde fin de non-recevoir à opposer à la
demande en séparation paraît être le décès de l'un
des époux pendant l'instance, ou avant que la séparation ne soit passée en force de chose jugée.
C'est une question fort controversée parmi les auteurs.

Les héritiers de l'époux demandeur décédé pendant l'instance peuvent, disent certains interprètes,
continuer l'instance commencée par leur auteur.
On comprend que si l'époux n'a pas intenté la demande, ses héritiers ne puissent l'intenter pour lui.
Mais quand il a pris l'initiative des poursuites,

____

(1) Demolombe. t. IV, n° 411. — Massol op. cit. p. 87. — Paris 13
Juillet 1861.

comment supposer chez lui un pardon? Et puis les héritiers ont un intérêt pécuniaire à faire prononcer la séparation, soit à cause du préciput stipulé (1518), soit à cause des avantages dont le jugement de séparation pourrait entraîner la révocation.

On répond dans un autre système que la séparation a pour but de faire cesser la vie commune; or, quand l'époux demandeur est mort, elle n'a plus sa raison d'être. Quant aux déchéances pécuniaires, le demandeur ne doit pas y conclure; elles sont une suite tacite de la séparation. Il faut donc admettre que cette action ayant un caractère essentiellement personnel, les héritiers ne pourraient pas plus la continuer que la commencer. L'instance engagée se trouvera éteinte avec toutes ses conséquences. Quant à la question de liquidation des dépens, elle se videra de la même manière que quand une des parties meurt pendant l'instance dans une action purement personnelle. L'art. 131 C. proc. civ. donnera au juge des moyens de solution (1).

Doit-on voir dans la réciprocité des torts une fin de non-recevoir à la demande de l'un des époux, de sorte que le demandeur, coupable lui-même des faits qu'il reproche à son conjoint, ne pourrait obtenir la séparation à cause de sa propre culpabilité?

---

(1) Cassat, 27 juillet 1871. — Aubry et Rau t. v, p. 181. — Demolombe 21 v. nos 429 à 431. — Massol op. cit. p. 22 n° 4.

Une hypothèse où le doute ne peut s'élever, c'est celle où les deux époux ont été également frappés d'une condamnation infamante. Le texte de l'art. 232 est ainsi conçu : « *La condamnation de l'un des époux... sera pour l'autre une cause de divorce.* » Donc, peut-on conclure, par argument à *contrario*, la condamnation des deux époux n'est pas une cause de séparation? Le but de la loi, avons-nous dit, en permettant au conjoint condamné de demander la séparation, a été que cet époux innocent ne fût pas lié à l'infamie de son conjoint. Cette idée n'a pas d'application quand on suppose qu'ils sont tous deux infâmes (1).

Que décider si les deux époux sont coupables d'adultère? L'art. 339 Cod. pén. semble bien consacrer un système de compensation en ce cas. Il dispose que le mari qui a tenu sa concubine dans la maison conjugale perd le droit de faire condamner sa femme pour adultère. Certains auteurs étendent cette idée à la femme moins bien traitée que le mari au point de vue de l'adultère. Mais remarquons que la question de pénalité n'est pas toujours liée à la question de séparation; l'article 339 défend bien au mari de dénoncer l'adultère de la femme, mais ce serait abuser de ses termes que de prétendre y voir une défense faite au mari de demander la séparation pour ce motif. Quand les époux sont coupables d'excès, sévices, voies de

---

1 Demante, t. II. n° 7 *bis* IV.

fait, pourquoi, dit l'opinion que nous résumons, l'époux coupable de ces mêmes fautes réussirait-il dans sa demande? Cela ne serait pas moral. Le jugement et ses avantages ne peuvent être le prix de la course (1).

L'opinion contraire nous paraît mieux fondée. Elle s'appuie sur cette considération que la loi n'établit d'autre fin de non-recevoir que celle résultant de la renonciation au droit de poursuivre. Or, s'il n'y a pas de texte repoussant la demande de l'époux, quand il s'est rendu coupable des mêmes fautes que celles qu'il invoque contre son conjoint, il faut admettre qu'il a le droit d'obtenir la séparation quand les faits sur lesquels il appuie sa demande sont prouvés. Nous avons écarté tout à l'heure l'art. 336. Cod. pén. qu'on nous oppose. Et puis, n'oublions pas que la séparation est un remède contre la situation malheureuse des époux, quand la vie commune est devenue insupportable. La situation de ces deux époux peut-elle être plus malheureuse que quand ils sont animés de haines implacables qu'un contact journalier envenimerait à chaque instant? Il faut donc conclure que dans ce procès, où chacun invoque une cause de séparation, il faut doublement la prononcer (2).

Pour tenir la balance entre les deux époux et

---

(1) Duranton. t. II. n° 574. — Massol p 85. n° 11

(2) Cass. 31 mars 1852 Demolombe, t. IV. n°s 412-416. — Aubry et Rau t. v. p. 131 — Marcadé T. 1 art. 307, n° 4.

empêcher que la séparation ne soit le prix de la course, chacun pourra le demander et sera, par conséquent, dans une position identique; l'un et l'autre aura perdu les avantages pécuniaires stipulés dans le contrat et sera condamné aux frais du procès (1).

Il y a une hypothèse où la conduite du mari sera une fin de non-recevoir contre sa demande pour cause d'adultère de sa femme; c'est quand il l'aura encouragé ou toléré. Dans ce cas, il serait mal fondé à se plaindre de ces débauches, auxquelles il a consenti et dont peut-être il a profité (2).

---

(1) Douai, 20 novembre 1846. — Montpellier, 7 juin 1831.
(2) Paris, 6 avril 1811.

CHAPITRE III.

QUI PEUT INTENTER UNE DEMANDE EN SÉPARATION.

Le mari, dans l'ancien droit, ne pouvait invoquer les excès, et sévices dont il aurait été victime de la part de sa femme, pour obtenir la séparation. « Celui qui a la force parmi ses attributs, disait-on, « ne doit répondre que par le mépris » (1). Le Code a fait cesser cette situation, et l'art. 231 'a employé à dessein le mot *réciproquement* pour proscrire toute distinction entre les époux. La justice demandait cette réforme dans nos lois; car bien qu'on puisse considérer le mari comme ayant la force en partage, et par là pouvant mépriser les injures de la femme, il est des cas où l'arme du mépris serait impuissante pour faire cesser tout dissentiment, et ramener la paix au foyer conjugal. La loi moderne a donc été bien inspirée en donnant à la femme comme au mari le droit de demander la séparation pour les mêmes motifs.

Quoique le droit de former une demande en séparation soit personnel aux époux, c'est-à-dire qu'eux seuls peuvent l'exercer, à l'exclusion des créanciers, on ne peut refuser ce droit au tuteur de l'interdit.

---

(1) Pothier n°° 509-510 et 525-526.

Représentant les intérêts moraux aussi bien que les intérêts matériels de son pupille, on ne comprendrait pas que le tuteur n'ait pas qualité pour prendre soin de l'honneur de l'incapable. Et si cette considération ne suffisait pas pour fonder son droit, l'humanité exigerait-elle que l'époux qui ne jouit pas de la plénitude de sa raison fût complétement désarmé devant les mauvais traitements, le déshonneur peut être infligé à son nom par la conduite scandaleuse de son conjoint.

Cette question n'a jamais fait de doute sérieux ; mais là où les interprètes cessent d'être d'accord, c'est sur le point de savoir si le tuteur doit, avant de demander la séparation, se faire autoriser par le conseil de famille. Un arrêt de la Cour de Paris du 21 août 1841 l'en dispense. Le tuteur représente l'interdit, dit-on, et cette représentation lui donne le droit d'agir seul toutes les fois qu'un texte ne le soumet pas à la nécessité d'une autorisation (450-509). — Mais cette opinion a contre elle la raison. En effet, le tuteur doit se faire autoriser pour des actes bien moins importants (464), et il est logique de penser que d'après l'esprit de la loi, l'action en séparation ne peut être à la discrétion du tuteur seul, ayant le droit d'agir sans l'autorisation du conseil de famille (1).

---

(1) Aubry et Rau. t. v. p. 183. — Demolombe, t. IV. p. 423. — Massol, *op. cit.* p. 26, n° 5.

Nous avons déjà discuté la question de savoir si les héritiers de l'époux décédé pendant l'instance, pouvaient continuer une action déjà intentée par leur auteur; nous avons admis la négative. Nous ne reviendrons pas sur ce sujet.

CHAPITRE IV.

PROCÉDURE DE LA SÉPARATION DE CORPS. — MESURES PROVISOIRES ET CONSERVATOIRES.

L'art. 307 dispose que « la séparation sera inten-« tée, instruite et jugée de la même manière que « toute action civile. » Si cet article disait vrai, nous n'aurions qu'à passer outre, et à nous référer aux principes généraux de la procédure. Mais cela n'est pas exact. Le but de l'article précité est simplement d'indiquer que ce ne sont pas les règles particulières de la procédure du divorce, telles que la loi les a posées dans les art. 234 à 266 qui sont applicables à la séparation de corps. Le Code de procédure est encore venu modifier les règles de droit commun, que déjà on ne devait pas suivre de tout point dans notre matière. Nous allons voir quelles sont ces modifications.

§ 1er. *De la demande.*

Tout procès doit être précédé d'une tentative de conciliation. Dans les demandes en séparation plus que dans toute autre affaire cette tentative est utile; car s'il est vrai que l'intérêt de la société demande le maintien des mariages, combien doit-on applaudir à toute mesure qui pourrait opérer un rapprochement entre les époux, alors qu'il en est encore temps, et avant que le scandale d'un procès n'ait mis entre eux une barrière souvent infranchissable. Aussi après une requête présentée au président du tribunal de son domicile par l'époux demandeur, et une ordonnance du président citant les parties à comparaître devant lui, les deux époux doivent se présenter en personne, sans être assistés d'avoués ni de conseils (875-876-877, Cod. proc. civ.). Le président leur fait les représentations qu'il croit propres à opérer un rapprochement entre eux. Il joue ici le rôle de magistrat conciliateur, rôle qui appartient ordinairement au juge de paix. La loi a pensé que le président du tribunal, investi d'une fonction plus élevée dans la hiérarchie judiciaire, aurait plus d'influence pour ramener les époux à de meilleurs sentiments.

Si le président échoue dans cette tentative, (878) il rend une seconde ordonnance par laquelle il autorise la femme à plaider. C'est là une autre dérogation du droit commun. Ordinairement quand le mari refuse d'autoriser sa femme à ester en justice, et que celle-ci s'adresse aux tribunaux pour qu'ils suppléent à ce défaut d'autorisation, c'est le tribunal tout entier qui décide l'affaire. On a donné ce droit au président seul dans le cas qui nous occupe; car mieux que personne il connaît tous les faits de la cause, et l'on économise ainsi du temps et des frais.

Cette tentative de conciliation n'est-elle applicable qu'à la demande en séparation principale ? Ne faut-il pas l'étendre à la demande reconventionnelle? La cour de Colmar (1) a soutenu que la loi ne faisant pas de distinction entre la demande principale et la demande reconventionnelle, il fallait les soumettre toutes deux au préliminaire de conciliation.

Cette opinion n'est pas fondée. L'art. 307 doit nous servir de guide dans la solution de la question. Comme il renvoie au droit commun, ce droit commun doit être suivi chaque fois qu'il n'y a pas été expressément dérogé. Or les demandes principales introductives d'instance sont seules soumises au préliminaire de conciliation. Il ne faut pas invoquer l'intérêt public comme exigeant cette tentative. Quelle chance de succès aurait-elle alors que la première a échoué ?(2)

La tentative est encore inutile quand c'est le tuteur de l'interdit qui intente l'action en séparation au nom de l'incapable. Et cela est vrai, surtout si l'on admet pour le tuteur l'autorisation du conseil de famille, cette autorisation atteindra le même but. (3)

L'art. 281 relatif au divorce était ainsi conçu : « Lorsque le divorce sera demandé par la raison

---

(1) 24 novembre 1861. — Massol, *op. cit.* p. 96, n° 3.
(2) Paris, 23 février 1865. — Demolombe, t. IV, n° 536.
(3) Massol, p. 107, n° 13.

« qu'un des époux est condamné à une pe'ne infa-
« mante, les seules formalités à observer consiste-
« ront à présenter au tribunal de première ins-
« tance, une expédition en bonne forme du juge-
« ment de condamnation, avec un certificat de la
« Cour d'assises, portant que ce même jugement
« n'est plus susceptible d'être réformé par aucune
« voie légale. » On s'est divisé sur la question de
savoir si cet article écrit pour le divorce était applicable à la séparation de corps. M. Duranton (1) admet l'extension de l'art. 261 par analogie de motifs
d'abord, et par cette considération que ce serait
demander l'impossible au condamné qui est en
prison Cette tentative serait en outre bien inutile,
car l'infamie du condamné rend vain tout espoir de
rapprochement (2).

Mais cette opinion doit être rejetée. Les art. 307
du Code civ. et 879 du Cod. pr. civ. sont formels.
Tant que la loi n'a pas dérogé formellement à une
disposition de droit commun, c'est le droit commun qu'il faut suivre. Dans le cas qui nous occupe,
la conciliation devant le président doit être exigée
pour ce motif; en outre elle ne sera pas toujours
infructueuse, et pourra amener un rapprochement. (3)

Quand les faits allégués par l'époux demandeur

(1) T. II, n° 588.
(2) Paris 3 février 1852. — Demante, t. II, n° 9 bis VI.
(3) Demolombe, t. IV, n° 435. — Aubry et Rau, t. V, p. 189.

sont l'objet d'une poursuite criminelle, de la part du ministère public, l'art. 235 dispose : « l'action « en divorce restera suspendue, jusqu'àprès l'arrêt « de la Cour d'assises; alors elle pourra être re- « prise, sans qu'il soit permis d'inférer de l'arrêt « aucune fin de non-recevoir ou exception préjudi- « cielle contre l'époux demandeur. » Ainsi le dé- fendeur serait acquitté, que le demandeur n'en perdrait pas par là le droit de faire prononcer la séparation. Quand l'un des époux a été condamné à une peine infamante, les juges ne peuvent pas ne pas l'accorder au conjoint ; dans le cas contraire, ils rechercheront si les faits sont assez graves pour motiver la séparation. Il faut admettre que cet arti- cle 235 est applicable à la séparation de corps, quoi- que écrit pour le divorce, d'abord parce qu'il est une conséquence du droit commun, et que les rai- sons qui l'ont fait admettre pour le divorce, doivent aussi le faire étendre à notre matière. (1)

Le président, s'il voit que la conciliation, sans avoir pleinement réussi est cependant en bonne voie, peut multiplier les entrevues des époux, dans l'espoir que le rapprochement entre eux pourra s'opérer peut-être, grâce à ses conseils répétés. Mais si ses ordonnances contenaient un simple refus d'autorisation de plaider, ce serait un véritable déni de justice. (2)

---

(1) Demolombe. t. IV. n° 413. — Massol op. cit. p. 95, n° 4.
(2) Cassat. 25 février 1850.

§ 2. *Des mesures provisoires et conservatoires.*

L'art. 878 Code pr. civ. donne au président le droit d'autoriser la femme à se retirer provisoirement dans telle maison dont les parties seront convenues, ou qu'il indiquera d'office ; il ordonnera que les effets à l'usage journalier de la femme lui seront remis.

Cette disposition figurait déjà dans l'art 268 du Code civil à propos du divorce, mais non pas telle que nous la voyons ici. Autrefois, avant 1816, c'était le tribunal tout entier qui avait le pouvoir de donner cette autorisation à la femme ; aujourd'hui le président seul a cette mission, et sans distinguer si la femme est défenderesse ou demanderesse.

Les deux articles dont nous venons de parler supposent le cas le plus fréquent, l'éloignement de la femme du domicile conjugal. C'est là qu'il y aurait ordinairement du danger pour elle. Mais le président ne pourrait-il pas ordonner que le mari s'éloignera de la maison commune, et que sa femme continuera à y résider ? Cette expulsion du mari semble au premier abord peu compatible avec le respect de la puissance maritale. Mais si l'on réfléchit que la femme est peut-être dans un état de maladie tel qu'elle ne puisse se faire transporter sans danger, ou qu'elle fait un commerce que son absence ruinerait, pourquoi ne pas permettre au président d'ordonner au mari de s'éloigner? Le texte n'a prévu que le cas le plus fréquent, et les principes ne s'opposent pas à une mesure réclamée par l'humanité. (1)

Quoique la jurisprudence ait décidé que la femme ne peut être autorisée à résider dans un lieu hors de l'arrondissement du domicile conjugal pour ne pas échapper trop facilement à la surveillance de son mari (2), il faut admettre que si la famille de la femme demeure hors de l'arrondissement, cet éloignement ne peut empêcher le président d'autoriser, pour des motifs de convenance, la femme à aller auprès de sa mère, par exemple (3).

C'est ainsi que la loi a veillé à la sûreté personnelle de la femme; nous allons voir maintenant les mesures qu'elle a prises pour permettre à la femme de vivre et de continuer les frais du procès. L'article 878 du Code pr. civ. dispose que le président, après avoir ordonné au mari de remettre à sa femme les effets nécessaires à son usage journalier, termine ainsi : « Les demandes en provision seront portées à l'audience. » Remarquons la différence profonde entre ces deux dispositions. Pour la délivrance des hardes, le président peut ordonner seul au mari de la faire ; mais l'intervention du tribunal entier est nécessaire pour fixer le montant de la

---

(1) Demolombe, t. IV, n° 457.

(2) Paris, 1 décembre 1810.

(3) Massol op. cit. p. 158, n° 9. — Demolombe, t. IV. n° 458. — Demante, t. II. n° 12 bis I.

provision. La femme n'est pas tenue de prouver
que ses ressources sont insuffisantes. En effet, la
communauté étant de droit commun, la femme est
censée, jusqu'à preuve contraire, être dénuée de ressources puisque le mari détient la communauté.
Celui-ci pourra faire toucher cette présomption en
prouvant que sa femme perçoit le revenu de certains
biens par exemple, ou les intérêts de certaines
créances. (1)

Ce que nous venons de dire de la femme, il faut
également le dire du mari ; la généralité des termes
de notre article le demande. Si donc le mari est dans
le besoin, la femme devra lui fournir une pension.
C'est une conséquence du devoir d'assistance, réciproque entre les époux, et qui subsiste après la séparation même. Peut-on hésiter dès lors à l'imposer
aux époux avant que le lien conjugal soit relâché ?(2)

La loi devait veiller également aux intérêts pécuniaires de la femme que la méchanceté ou la cupi-
dité du mari pourrait compromettre. Cette nécessité
s'impose dans le cas de séparation de corps, comme
dans celui de divorce. Aussi devons-nous rechercher
parmi les mesures édictées par la loi pour atteindre
ce but, quelles sont celles que l'on peut appliquer à
la séparation de corps. L'art. 270 autorisait la femme
commune en biens, « à partir de la date de l'or-
« donnance du président, à requérir l'opposition des
« scellés sur les effets mobiliers de la communauté.

---

(1) Massol. *op. cit.* p. 150 n° 11.
(2) Demolombe, t. IV n° 463. — Massol, *op. cit.* p. 160, n° 12.

— 165 —

« Ces scellés ne devaient être levés qu'en faisant
« l'inventaire avec prisée, et à la charge par le mari
« de représenter les choses inventoriées ou de ré-
« pondre de leur valeur comme gardien judiciaire. »
L'apposition des scellés a pour but de prévenir le
détournement des objets mobiliers de la communauté. Certains auteurs refusent de donner ce droit
à la femme dans le cas de séparation, par cette considération que cet article consacre une véritable
pénalité contre le mari, pénalité que l'on ne peut
étendre à un cas pour lequel la loi ne l'a pas édictée,
quelle que soit la justice et l'utilité de cette mesure.
On fait aussi remarquer que ce serait une atteinte
à l'autorité maritale qui subsiste toujours, et une
gêne pour l'administration du mari.

La solution contraire paraît préférable. L'apposition des scellés est une précaution et non une
pénalité contre le mari, et l'intérêt de la femme
l'exige impérieusement. Quant à l'atteinte aux
droits du mari comme objecte l'opinion contraire,
elle est forcée dans la situation irrégulière où se trouvent les époux. Comment s'étonner de cet échec à la
puissance maritale, quand malgré l'existence des
droits de l'époux et du père, la femme a quitté le
domicile commun, et les enfants sont confiés à un
étranger. Il faut donc admettre que l'apposition des
scellés prescrite par l'art. 270, peut être requise par
la femme dans le cas de séparation (1).

____

(1) Demolombe. t. IV. n° 161. — Aubry et Rau, t. V. p. 196 — Massol,
op. cit. p. 160 n° 15. — Demante. t. II. n° 13 bis I.

On s'est appuyé sur le mot *requérir* employé par l'art. 270 pour prétendre que la femme peut se passer de l'autorisation de justice pour faire apposer les scellés. On ne requiert, en effet, que ce que l'on a le droit d'exiger. Cette nécessité d'une autorisation se concilierait mal avec l'urgence d'une pareille mesure (1).

Une autre fraude était à craindre de la part du mari, c'est qu'il grevât la communauté de dettes, dont la femme aurait été obligée de supporter une part sans sa renonciation à la communauté, ou bien encore qu'il aliénât les immeubles qui dépendent du fonds social. L'art. 271 déclare ces deux opérations nulles, si elles sont faites depuis l'ordonnance du président, ou dans un esprit de fraude. Cet article que les rédacteurs du Code avaient écrit pour le divorce, doit être étendu à notre matière. Il est trop juste et trop conforme aux principes généraux de l'action révocatoire de l'art. 1167. Il faudra donc distinguer entre les acquéreurs à titre gratuit et ceux à titre onéreux. Les premiers seront soumis à la nullité qu'ils aient eu ou non connaisance de la fraude ; les autres seulement s'ils en ont été complices. Mais il ne faut pas dire que la connaissance du procès en séparation les constitue de mauvaise foi (2). Ce sera une simple appréciation des faits que fera le magistrat.

---

(1) Massol, *op. cit.* p. 192, n° 13.
(2) Demolombe, t. IV. n° 463. p. 178. n° 21.

Le mari pourrait encore porter préjudice aux intérêts de la femme en aliénant les biens de la communauté. Doit-on dire en thèse générale que le mari est dessaisi de l'administration de ses biens et par là dans l'impossibilité absolue de les aliéner, même en dehors de toute intention frauduleuse ? (1)

Cette doctrine n'est pas admissible. Pour les actes d'administration, il faut bien que le mari les fasse ; ce droit ne peut résider en d'autres mains que les siennes, et pourvu qu'ils ne soient pas entachés de fraude, ils doivent être maintenus. Certainement l'aliénation des immeubles de la communauté fera courir aux intérêts de la femme de très sérieux dangers ; elle pourra même être privée de tout droit dans la communauté. Mais remarquons que la loi est ainsi faite, et le devoir de l'interprète doit se borner à l'appliquer bonne ou mauvaise. Or, les articles 270-271 permettent seulement à la femme d'attaquer les aliénations frauduleuses. Il ne faut pas aller au delà, et enlever au mari en dehors de toute fraude le droit d'administrer et d'aliéner.

Mais, objecte l'opinion contraire, les scellés ayant été apposés à la requête de la femme, les aliénations consenties sur le mobilier par le mari seront nulles, tandis que celles des immeubles bien autrement dangereuses seront maintenues. Ce ne serait pas logique, la loi a dû ne pas donner au mari plus de pouvoir dans un cas que dans l'autre.

---

(1) Massol, op. cit p. 177 n° 23.

Cette inconséquence existe en effet en présence des termes formels de l'art. 271, auxquels nous ne pouvons nous soustraire. Cependant on peut répondre que sans doute le mari gardien judiciaire est tenu de représenter les meubles en nature, mais même en ce cas tout danger pour la femme n'est pas écarté ; car malgré les scellés et l'inventaire, le mari peut soustraire les biens, les dissiper, et réduire à néant le recours de la femme s'il est insolvable. En outre, dans l'aliénation d'un immeuble, la justice peut toujours voir un acte frauduleux, fait dans l'intention de nuire à la femme ; mais si cet acte est utile et avantageux en lui-même, et de bonne administration, pourquoi ne pas le maintenir? (1).

Ne pourrait-on donner à la femme des garanties plus efficaces que celles résultant des art. 270-271, par exemple ordonner le séquestre des meubles et des immeubles? La raison de douter se tire de l'art. 1961 qui énumère les cas où la justice peut ordonner le séquestre ; or on ne peut faire entrer dans ces cas l'espèce dont nous parlons. L'opinion contraire répond que la généralité des termes du n° 2 de l'article précité permet aux magistrats d'ordonner ce séquestre, s'ils le croient utile aux intérêts de la femme. La loi ne peut avoir proscrit tous les moyens de prévenir et d'arrêter les fraudes du mari au cours de l'instance en séparation. L'art. 869 Cod. proc. civ. autorise dans le cas de séparation de biens l'emploi

---

(1) Demolombe, t. IV, n° 464.

de toutes sortes d'actes conservatoires, scellés, oppo-sitions, séquestre, saisie-arrêt, etc. Or, ici ne peut-on pas dire que la séparation de corps entraînant avec elle la séparation de biens, toutes ces mesures sont applicables ? D'un autre côté, remarquons que la femme est créancière conditionnelle du mari ; ne peut-elle se fonder sur l'art. 1180 pour faire tous les actes conservatoires de son droit? Ils n'auraient pas d'inconvénient sérieux, puisque les tribunaux en apprécieraient l'opportunité. Du reste la femme peut recourir à un autre expédient. Qu'elle intente la séparation de biens principale, et elle mettra ainsi son patrimoine à l'abri de tout danger provenant des prodigalités du mari, prodigalités aussi à crain-dre dans le cas de séparation de corps que dans celui de séparation de biens (1).

Quoique les mesures dont nous venons de parler, ne soient édictées qu'en faveur de la femme, il faut admettre que le mari peut aussi les provoquer ; il a le droit de demander que la femme quitte le domi-cile conjugal pour aller demeurer ailleurs (268 C. civ., 878 C. proc. civ.), de se faire donner par sa femme une provision *ad litem*, s'il est sans ressour-ces ; enfin de requérir l'apposition des scellés sur les effets mobiliers de la communauté qui se trou-veraient dans les mains de la femme, pour éviter les détournements (2).

---

(1) Demolombe, t. IV, n° 455-459. — Aubry et Rau, t V. p. 197. — Massol, *op. cit.* p. 161 à 169, n° 17

(2) Demolombe, t. IV, n° 467. — Massol. *op. cit.* p. 161, n° 13

Il n'y a pas lieu pour l'application des règles que nous venons d'édicter, de distinguer entre la femme mariée so s le régime de communauté légale ou conventionnelle, et celle mariée sous le régime exclusif de communauté, ou même sous le régime dotal. Les motifs sont toujours les mêmes.

§ 3. *Instruction*.

L'art. 307, nous l'avons dit, en renvoyant aux règles ordinaires de toute autre action civile, n'a eu pour but que de proscrire pour la séparation les formes particulières édictées en vue du divorce. L'art. 879 Cod. prec. civ. a confirmé ce principe. Nous n'aurions donc rien de particulier à dire sur cette procédure, s'il ne fallait signaler les dérogations au droit commun dont l'examen rentre dans notre sujet.

D'abord le juge a le droit *de plano* et sans plus ample information de rejeter la demande, quand elle ne lui paraît pas fondée sur des faits assez graves pour la motiver. En sens inverse, quand les faits se présentent avec un caractère de gravité suffisant pour motiver la séparation, et appuyés sur des preuves non suspectes, le juge peut la prononcer immédiatement.

L'instruction de l'affaire se fait au moyen d'une enquête destinée à prouver la vérité des faits allé-

gués par le demandeur, comme dans toute autre
affaire. Seulement, dans notre matière, remarquons que l'aveu du défendeur ne saurait avoir de
valeur (870, Cod. pr. civ.); ce serait un moyen dé-
tourné d'arriver à la séparation par consentement
mutuel, que la loi prohibe. Cette règle n'est cependant pas absolue. Les juges pourront puiser dans
cet aveu, en raison des circonstances dans lesquelles il s'est produit un élément de conviction.
Par le même motif, le serment décisoire n'est pas
applicable. Il pourrait cacher une collusion entre les
époux; mais la preuve testimoniale et les présomptions sont les modes les plus usités, et souvent les
seuls possibles (1).

A propos de la preuve testimoniale, la loi, dans
l'art. 251, faisait pour le divorce une exception au
droit commun. L'art. 268, C. pr. civ., défend d'as-
signer comme témoins les parents ou alliés d'une
des parties en ligne directe; on a pensé que le témoignage de ces personnes serait suspect, à cause
du lien qui les unit à l'un des époux. L'art. 283 C.
pr. civ. déclare *reprochables* les témoins, serviteurs
ou domestiques à gages des époux ; on avait vu dans
leur état de dépendance vis-à-vis de leurs maîtres
un motif de suspicion pour la sincérité de leur dire.
Tel est le droit commun; mais l'article 251,
écrit pour la matière du divorce, déclarait ces
mêmes personnes non reprochables, en raison de

---

(1) Demolombe, t. IV. n° 474-475. — Massol, *op. cit.* p. 115, n° 18.]

leur qualité. « Le tribunal, disait cet article, aura
« tel égard que de raison aux dépositions des parents
« ou des domestiques. » Faut-il étendre cet article
à la séparation de corps? Nous pourrions en douter
en présence des termes formels de l'art. 307, qui
renvoie au droit commun. Mais l'exception en faveur
des personnes visées dans l'art 251, est si juste, et
tellement dans la nature des choses. que l'on ne
peut hésiter à l'étendre au divorce. Ces personnes,
en effet, sont le plus souvent les seuls témoins des
faits allégués. Si les juges ne pouvaient les entendre, ils seraient privés par là des témoignages les
plus précieux sur la vie intime des époux, lorsque
des dissentiments, des querelles de ménage sont invoqués. Ainsi dans l'application de cette disposition au cas de séparation, l'époux demandeur serait souvent dans l'impossibilité de prouver des
faits qui, par leur nature, n'ont pour théâtre que le
foyer domestique, et pour témoins que les gens de
la maison habitant avec les époux.

Observons toutefois que l'exception de l'art. 251
doit être renfermée dans les limites les plus étroi-
tes, et qu'en dehors des parents énumérés dans
l'article et des domestiques, aucun autre témoin
tombant sous le coup de l'art. 283, C. de Procéd. civ.
ne peut être entendu. Quoique les ascendants aient
bu et mangé avec les parties, ils ne sont pas reprochables, cela a à peine besoin d'être signalé.

C'est avec raison que la loi récuse le témoignage
des descendants, il serait immoral de les voir ra-

conter devant la justice les faits honteux de leurs parents, dont ils auraient été les témoins. Et dans ce mot de *descendants* il faut entendre les enfants naturels ou adoptifs. Mais s'il s'agit du père de l'adoptant qui est partie dans une demande en séparation, l'enfant adopté peut être entendu ; aucun lien juridique n'unit ces deux personnes, même au point de vue du mariage.

Quand au grand père naturel, bien qu'il n'existe aucune parenté entre lui et le fils naturel de son fils, la loi reconnaît entre eux un empêchement au mariage, fondé sur le lien du sang. Il est juste de décider que son témoignage ne sera pas entendu (1).

Parmi les preuves, il faut citer les preuves écrites et en première ligne les lettres missives sur lesquelles nous nous sommes déjà expliqués. Bien que confidentielles, elles peuvent être produites à l'audience, bien plus, le tiers qui les détient peut être contraint de les communiquer au tribunal.

Le jugement qui ordonne l'enquête est susceptible d'appel, mais le défendeur s'interdit le droit de l'attaquer quand il concourt à l'enquête sans faire de réserve.

Si l'époux demandeur a omis certains faits dans l'enquête, il ne perd pas par cette omission le droit d'invoquer ces faits nouveaux, après les enquêtes, le jugement définitif et même en appel. Ce sont là

---

(1) Massol, *op. cit.* p. 121 et sq. n⁰ˢ 21 et 22. — Demolombe, t. IV n⁰ˢ 479-481.

des moyens nouveaux de la même instance et non un nouveau procès (1).

Comme les séparations intéressent au plus haut point l'état des personnes et par conséquent la société tout entière, la loi décide que le ministère public doit toujours être entendu (art. 83 et 879 Cod. proc. civ.).

§ 4. — *Du jugement.*

Une fois l'instruction achevée, les juges peuvent rejeter la séparation ou l'admettre ; mais ont-ils le droit de surseoir au jugement pendant un an, quand il s'agit d'excès, sévices ou injures graves, de permettre par exemple à la femme de quitter son mari, en un mot l'application à la séparation de corps des art. 259 et 260 écrit pour le divorce est-elle possible ?

Quelques auteurs ont cru pouvoir faire cette application (2), frappés surtout par cette considération qu'il serait désirable de donner ainsi aux époux le temps de la réflexion et laisser les passions s'apaiser ; il leur serait dès lors peut-être démontré que la vie commune n'est pas si insupportable qu'ils l'avaient cru d'abord. Outre ce motif d'utilité, ils font valoir cette considération que le Code ayant traité notre matière si succintement, il fallait

---

(1) Cassat. 15 juin 1858. — Dijon 29 mai 1855. — Demolombe, t. IV. n°° 482-483 Massol p. 111. n° 16 — Aubry et Rau. t. V. p. 192.

(2) Massol, op. cit. p. 132, n° 27.

forcément recourir aux dispositions du divorce, quand la loi avait laissé une question sans la régler. C'est ce qui arrive dans le cas qui nous occupe. Ici l'application à la séparation de corps de ces deux articles est d'autant plus naturelle que les anciens parlements donnaient aux juges la faculté de différer le jugement et de permettre à la femme de s'éloigner du domicile conjugal.

Comme la première opinion, le second système reconnait toute l'utilité de l'extension des articles qui nous occupent. Mais est-il permis de la faire ? Toute la question est là. Or l'art. 307 dit en termes formels que la séparation doit-être *jugée* d'après le droit commun, sans délai. Du reste l'utilité de nos articles n'apparait pas si clairement dans les cas de séparation, que dans celui du divorce, qui enlevait aux époux l'espoir d'une réconciliation ; voilà pourquoi la loi a pensé que ce temps d'essai n'était pas si nécessaire dans un cas que dans l'autre (1).

Il s'est présenté la question de savoir si le juge ne pourrait par prononcer une séparation pour un certain temps, en rejetant directement la demande. Un jugement du tribunal de la Seine en date du 0 janvier 1869 a autorisé une femme vu le mauvais état de sa santé à vivre pendant deux ans loin de son mari. Cette doctrine ne peut juridiquement se justifier. On a essayé de le faire en invoquant l'avantage qu'il y aurait pour la femme à être séparée

____

(1) Aubry et Rau. t. V. p. 191. — Demolombe, t. IV. n° 385 — Demante, t. II. n° 16 bis.

temporairement d'un mari brutal, dont les mauvais traitements pouvaient compromettre sa santé. Nous remarquons qu'aucun texte ne donne aux juges le pouvoir si exorbitant, sans prononcer la séparation entre les époux, de les éloigner l'un de l'autre pour un temps déterminé. Ils doivent donc ou les séparer, si les causes invoquées sont suffisantes pour cela, ou rejeter la demande ; mais dispenser la femme de cohabiter avec son mari pendant un certain délai, c'est se substituer au pouvoir marital, et empiéter sur les droits réciproques des époux.

Le jugement de séparation reçoit une certaine publicité par des affiches apposées dans l'auditoire des tribunaux, et dans les chambres d'avoués et de notaires (art. 880 C. de proc. civ.). Cette formalité a pour but d'assurer la publicité de la séparation de biens qui intéresse les tiers.

Si le jugement a été rendu par défaut, le défendeur a le droit d'opposition dans les délais. Si le jugement est contradictoire, la partie qui succombe peut faire appel dans les délais. Le défendeur en laissant passer les délais acquiesce tacitement au jugement. Mais peut-il asquiescer expressément ou se desister après un appel déja formé? On a essayé de soutenir la négative sous le prétexte que l'article 307 prohibe toute séparation velontaire dans un intérêt d'ordre public; l'acquiescement exprès ou le désistement d'un appel déjà formé aurait cet effet (1).

___

(1) Lemolombe, t. IV. n° 658.

L'opinion contraire est préférable. La séparation a été prononcée par une juridiction civile, après un débat contradictoire; on ne comprend pas dès lors la nécessité d'une intervention des juges supérieurs. Le défendeur ayant le droit de ne pas faire appel, il faut admettre qu'il peut se désister dès que cet appel a été formé (1).

La séparation est jugée sur appel en audience ordinaire. L'ordonnance du 16 mai 1835 a modifié en ce sens l'art. 22 du décret du 30 mars 1808, d'après lequel les contestations relatives à l'état des citoyens étaient jugées en audience solennelle. Avant 1835, on était divisé sur la question de savoir si cet article 22 s'appliquait à la séparation de corps. La jurisprudence avait décidé l'affirmative, ce qui, comme dit l'ordonnance de 1835, « ralentissait d'une manière fâcheuse l'administration de la justice. »

Les créanciers n'ont pas le droit de s'inmiscer dans le procès en séparation qui est une question d'état, ni celui d'attaquer le jugement; mais au moyen de la tierce opposition ils pourraient faire tomber la liquidation frauduleuse des droits de la femme (2).

Le pourvoi en cassation n'est pas suspensif en notre matière comme dans celle du divorce. (Article 263). L'art. 307 s'y oppose (3).

---

(1) Pau 7 janvier 1851. — Aubry et Rau, t. V. p. 192
(2) Massol, *op. cit.* p. 139, n° 31.
(3) Demolombe, t. IV. n° 392 — Aubry et Rau, t. V. p. 191.

CHAPITRE V.

EFFETS DE LA SÉPARATION.

Le Code ne consacre à cette matière, que deux articles, les art. 310 et 311, dont le premier est abrogé par la loi du 8 mai 1816, et le second ne parle que d'un effet secondaire et accessoire de la séparation de corps; la séparation de biens. Les effets principaux sont sous-entendus par la loi; il nous faut donc suppléer à son silence.

On peut induire ces effets de cette considération que les époux, sont autorisés, dès qu'ils ont été séparés à vivre chacun de son côté, sans que le lien matrimonial soit rompu; l'obligation de la vie commune seule a cessé. Il faut donc admettre comme effets de la séparation ceux qui dérivent de cette dispense de communauté d'habitation, et maintenir, même après la séparation prononcée, ceux des effets du mariage qui ne sont pas une conséquence du devoir de cohabitation dont les époux ne sont plus tenus désormais.

§ 1er. *Effets relatifs aux rapports personnels des époux entre eux.*

Le devoir de la vie commune a cessé entre les époux, avons nous dit. Aussi l'art. 108 qui déclare que la femme mariée n'a pas d'autre domicile que celui de son mari, cesse d'être applicable. La femme n'est plus tenue de résider là où réside son mari ; elle peut fixer sa demeure là ou bon lui semble, même en pays étranger, avec cette restriction toutefois que si les enfants lui ont été confiés, elle ne peut s'éloigner ; car elle priverait le père de son droit de surveillance (1).

C'est bien un domicile distinct de celui du mari dans le sens juridique du mot, de sorte que c'est là qu'elle est valablement assignée. Cette solution est réclamée par la justice et l'intérêt de la femme séparée, à qui son mari négligerait de communiquer les citations à elle faites ; elle ne serait pas instruite des actions dirigées contre elle (2).

Nous allons rechercher parmi les diverses obligations imposées aux époux, quelles sont celles qui subsistent et celles qui disparaissent avec la séparation.

L'art. 212 s'exprime ainsi. « Les époux se doi« vent mutuellement fidélité, secours et assis« tance. »

Le premier devoir, celui de fidélité est toujours imposé aux époux, puisque le mariage n'est pas dissous. Mais l'adultère de l'un et de l'autre ont des conséquences bien différentes. Tandis que celui de la femme est toujours punissable, (art. 336 Cod. Pén.), le devoir de fidélité du mari n'a plus de sanc-

---

(1) Demolombe, t. IV. n° 493. — Massol, op. cit. p. 195, n° 7 et 8.
(2 Demolombe, t. 1er n° 558. — Massol, p. 195, n° 8.

tion, puisque pour encourir une peine, le mari doit avoir tenu sa concubine dans la maison commune, et il n'y a plus de maison commune.

Le devoir de secours subsiste encore. Chaque époux est donc tenu de fournir à son conjoint, dans le besoin, un secours pécuniaire, non pas en vertu des conventions matrimoniales (1448, 1537 et 1575), mais en tant qu'époux ; car ils ont conservé cette qualité, nonobstant la séparation.

Que décider quant au devoir d'assistance ? Malgré quelques dissentiments, il faut admettre que ce devoir qui suppose un ensemble de soins matériels à donner par un époux à l'autre, et qui suppose par conséquent une réunion effective, n'existe plus juridiquement. Les tribunaux, sous peine de rétracter leur décision, ne peuvent ordonner que l'un des conjoints recevra l'autre devenu infirme ou malade (1).

L'art. 301 donnait à l'époux dans le besoin et qui avait obtenu le divorce une pension alimentaire sur les biens de l'autre époux, ne pouvant excéder le tiers de ses revenus. Peut-on étendre cette disposition à la séparation de corps ? Malgré une décision de la Cour de Cassation (2), il faut dire que cet article est inapplicable à notre matière, non parcequ'il a été écrit pour le divorce, mais parceque

---

(1) Demolombe, t. IV, n° 502. — Aubry et Rau, p. 198. — Massol, p. 194, n° 6.

(2. 12 décembre 1848.

les motifs qui l'ont fait édicter manquent ici. L'obligation de secours n'existait plus entre époux divorcés; il fallait donc que l'époux innocent et sans ressources fut indemnisé de cette rupture anticipée du lien conjugal. Delà, l'art. 301 destiné à créer une obligation nouvelle remplaçant l'obligation alimentaire éteinte par le divorce (1).

Avant la loi du 6 décembre 1850, le mari séparé était réputé le père des enfants que sa femme mettait au monde après la séparation; le principe de l'art. 312 restait intact. Mais il faut l'avouer, le fondement de la présomption de paternité est singulièrement affaibli, quand les époux on été autorisés à vivre séparément. Cependant la loi ne rangeait pas la séparation parmi les causes de désaveu. Si donc le mari ne pouvait prouver qu'il avait été dans l'impossibilité physique de cohabiter avec sa femme, l'enfant était réputé né de lui. L'art 313 ne pouvait lui venir en aide, si la naissance ne lui avait pas été cachée. Dans cette situation l'enfant issu de relations adultérines notoires venait prendre sa place parmi les enfants légitimes, sans que le mari put le désavouer, et bien que le tribunal ait lui-même dispensé les époux du devoir de cohabitation.

Ce ne fut qu'en 1850 que cet état de choses si déplorable fut modifié par la loi du 6 décembre. Sur l'initiative de M. Demante, et la rédaction défini-

---

(1) Demolombe, t. IV, n° 502 bis.

tive de MM. Valette et de Vatisménil, l'Assemblée
nationale adopta la résolution suivante qui a été
insérée dans le Code civil à la suite de l'art. 312.
« En cas de séparation prononcée ou même deman-
« dée, le mari pourra désavouer l'enfant, qui sera
« né trois cents jours après l'ordonnance du prési-
« dent, rendue aux termes de l'art. 878 Cod. proc.
« civ., et moins de cent-quatre vingt-jours depuis
« le rejet définitif de la demande, ou depuis la ré-
« conciliation. L'action en désaveu ne sera pas
« admise s'il y a eu réunion de fait entre les époux. »
Ainsi, d'après les présomptions établies par la loi
elle même, si la conception se place à une époque
où l'obligation de vivre ensemble n'existait pas
pour les époux, le mari peut désavouer l'enfant, et
cela en faisant la comparaison des deux dates, celle
de la naissance, et celle de l'ordonnance de la réconciliation. En effet à partir de l'ordonnance du président (878 pr. civ.), la séparation effective a com-
mencé, la vie commune a cessé et la présomption
de paternité n'a plus de base. De même à partir de
la réconciliation, cette présomption reprend sa
force avec la communauté d'habitation. Mais si
l'enfant naît avant le cent-quatre-vingtième jour
après cette réunion, le désaveu du mari est recevable ; car la conception remonte à une époque où
l'obligation de cohabitation n'existait pas encore.
Dans tous les cas, on réserve le droit pour l'enfant
de prouver que malgré l'ordonnance, il y a eu rapprochement de fait entre les époux, ce qui démontre

également sa légitimité. Cette réunion ne se pré-
sume pas, c'est à le femme ou à l'enfant à l'établir;
ils doivent prouver également qu'elle coïncide
avec l'époque où remonte la conception.

Ainsi, en cas de séparation, la présomption de
paternité n'a lieu que quand le mari garde le silence
où que la femme prouve la réunion de fait entre
eux.

Si l'autorité maritale est affaiblie. par suite de la
séparation de corps, elle n'en est pas détruite pour
cela. Aussi la femme est-elle obligée de recourir à
l'autorisation de son mari pour tous les actes de la
vie civile qui ne dérivent pas du droit d'adminstra-
tion que lui confère la séparation de biens. Les
art. 215 et 217 parlant de cette autorisation y sou-
mettent toute femme mariée, sans distinguer si
elle est séparée ou non. Ainsi elle a le droit d'administrer ses biens; mais en dehors des actes d'administration, elle a besoin de l'autorisation de son
mari ou de celle de la justice, pour ester en jugement, donner, aliéner, hypothéquer, acquérir à
titre gratuit ou onéreux.

Les auteurs ne sont pas d'accord sur le point de
savoir si la justice peut suppléer l'autorisation du
mari, quand la femme veut faire le commerce. Les
uns donnent ce pouvoir à la justice, même si les
époux sont communs en biens (1) et encore si le
mari est absent ou incapable. D'autres refusent ce

---

(1) Marcadé, t. I, art. 220, n° 1.

droit à la justice, quand il y a communauté entre époux. Enfin, d'autres ne permettent à la justice d'autoriser la femme à faire le commerce, qu'autant que les époux sont séparés de corps (1). En présence de ces divergences d'opinion, nous admettrons avec M. Demolombe (2) que la femme, en aucun cas, commune ou séparée de biens ou de corps ne peut devenir commerçante sans l'autorisation de son mari. Le savant jurisconsulte se fonde sur les art. 218, 219, 221, 222, 224 du code civil. et 861 du Cod. proc. civ. qui règlent les cas où le refus du mari peut-être supplée par l'autorisation de la justice. C'est lorsqu'il s'agit d'ester en jugement, de passer un acte, de contracter. Il n'en est donc pas ainsi quand la femme veut faire le commerce. L'article 4 du Code de commerce confirme ce système. « Le mari, ajoute M. Demolombe, a toujours in- « térêt à la conservation de la fortune de sa femme, « même en cas de séparation de corps. Il lui im- « porte donc toujours qu'elle n'acquière pas, sans « son consentement, cette périlleuse capacité de « commerçante, qui affecte son patrimoine et sa « personne, qui l'expose à la faillite, capacité, « d'ailleurs si étendue que Demante a pu dire « qu'elle soustrait sous certains rapports, la femme « à la puissance maritale. »

La femme, même séparée, a donc besoin de l'au-

---

(1) Grenoble, 27 janvier 1863. — Demante, t. 1er n° 362 bis. V.
(2) T. IV, n° 263.

torisation du mari pour faire le commerce, et rien
ne peut suppléer à son refus (1).

La solution de cette question va nous donner
celle d'une espèce qui a soulevé les plus vives controverses. Il s'agit de savoir si la femme séparée peut
se passer de l'autorisation du mari pour contracter
un engagement théâtral, et si la justice ne peut y
suppléer.

Un arrêt de la Cour de Paris, du 3 janvier 1868,
décide l'affirmative : « Attendu, dit-il, que la dispo-
« sition de l'art. 219 est générale, qu'elle n'admet
« pas d'exception, qu'il était, en effet, impossible de
« reconnaitre au mari le droit absolu d'empêcher sa
« femme d'exercer honnêtement une profession,
« qu serait son unique ressource,... » Les auteurs
de l'arrêt précité ont donc considéré que l'engagement théâtral est un acte que la femme passe, et
par conséquent tombant sous l'application de l'article 219. Si nous admettons que le mari a seul le
droit de permettre à sa femme de faire le commerce, combien refuserons-nous à la justice celui
d'autoriser la femme à embrasser la carrière drama-
tique, si périlleuse pour l'honneur du mari. C'est
surtout ici qu'il doit être le seul juge de la détermi-
nation de sa femme, le gardien de la dignité d'un
nom qu'il doit transmettre sans tâche à ses enfants; le mari ne doit pas voir un tiers, une autorité quelque respectable qu'elle soit, venir s'inter-

----

(1) Aubry et Rau, t. V. p. 155.

poser, et le forcer à révéler le motif d'un refus, que l'intérêt de sa femme lui commande de cacher (1).

Il y a une question que nous ne pouvons passer sous silence, car elle a eu tout récemment un grand retentissement, à cause du nom et de la notoriété des parties, de la gravité des intérêts engagés, des controverses qui ont passionné les plus éminents jurisconsultes de France et de l'étranger. C'est la question de savoir si la femme séparée de corps en France peut se faire naturaliser étrangère sans l'autorisation du mari et de la justice.

Dans une première opinion, et c'est celle qu'a adoptée le Tribunal de la Seine (2), on dit que l'autorisation du mari ou de justice est nécessaire à la femme séparée pour se faire naturaliser à l'étranger. Voici comment raisonnent les partisans de ce système. La femme mariée, c'est là la doctrine qui prévaut aujourd'hui, tant que le mariage n'est pas dissous, ne peut changer de nationalité sans l'autorisation de son mari (3). Après la séparation judiciairement prononcée, le lien conjugal a été simplement relâché, la nécessité de l'autorisation maritale subsiste pour tous les actes que la loi n'a pas soustrait à cette autorisation. Quels sont ces actes ? L'art. 1449 les énumère. La femme reprend la libre

---

(1) Demolombe, t. IV, n° 218 ter.

(2) Jugement du 17 déc. 1873. *Gazette des trib.* du 18 déc. 1873.

3 Demelombe. t. I. n° 173. — Aubry et Rau, t. Ier, p. 237. — Dalloz *Droit civil* n° 118.

administration de sa fortune, elle peut seule aliéner
son mobilier. Hors ces cas, l'autorisation maritale
est exigée pour les actes les plus graves, et la loi cite
comme exemple l'aliénation des immeubles; on
rentre alors dans la règle de l'incapacité de la femme
mariée. Et, en effet, malgré la séparation de corps,
le mariage subsiste toujours avec toutes ses conséquences; la femme est toujours femme mariée (1).
Une seule obligation a cessé pour les époux, celle de
vivre en commun. Il faut donc dire que pour la naturalisation en pays étranger, acte qui ne rentre
pas dans l'exception, la femme séparée devra obtenir l'autorisation de son mari ou de justice. Telle
a été l'opinion suivie jusqu'à ces derniers temps par
tous les interprète du droit, à l'exception de Blon-
deau qui refuse de l'admettre, sous le prétexte que
« la nécessité d'un concours de volonté de la part
« du mari ne serait pour la femme qu'une fâcheuse
« entrave (2). »

Il ne faut pas perdre de vue dans cette discussion,
et c'est un argument en faveur de l'opinion que
nous soutenons, que la constante préoccupation du
législateur a été de favoriser la réconciliation des
époux. Or, que devient tout espoir de rapprochement quand la femme aura obtenu la naturalisation
en pays étranger, et aura profité de la loi de sa nouvelle patrie pour contracter un second mariage?

---

(1) Aubry et Rau, t. V. p 137. — Ibid, p. 200.
(2) Revue de droit français et étranger. 1855, p, 151.

« De tous les actes que la femme peut accomplir,
« dit M. Labbé, la naturalisation en pays étranger
« est celui qui contrariera le plus le but indiqué, et
« rendra le plus promptement la séparation irré-
« médiable. Si donc la nécessité de l'autorisation
« maritale est imposée à la femme mariée, même
« séparée de corps, ce doit être pour la naturalisa-
« tion plus encore que pour une aliénation d'im-
« meubles (1). »

Une seconde opinion, soutenue surtout par les
jurisconsultes d'outre-Rhin, enseigne que la femme
mariée peut se faire naturaliser étrangère sans
l'autorisation de son mari. Elle dit : La femme
mariée n'est incapable que pour les actes qui intéressent ses biens, et pour ceux-là seuls l'autorisation maritale est nécessaire. Or, quand la séparation de corps a été prononcée, l'art. 1449 relève la
femme de cet état pour les actes d'administration
de sa fortune, et l'aliénation de ses biens mobiliers;
celle d'un immeuble reste toujours interdite à la
femme sans l'autorisation du mari ou de justice.
Quant à la naturalisation, la loi n'en a pas parlé et
elle n'avait pas besoin d'en parler, car c'est un droit
qui intéresse la personne, et la femme n'est frappée
d'incapacité qu'en ce qui concerne ses biens. Si la
femme non séparée ne peut se faire naturaliser sans
le consentement du mari, c'est à cause de cette obligation imposée à la femme par le mariage, d'avoir

---

(1) M. Labbé. *Journal de droit international privé.* de novembre-
décembre 1875, p. 415.

le même domicile que son mari (108), et comme
la naturalisation ne peut s'opérer qu'en transpor-
tant son domicile dans le pays qu'on a choisi pour
sa nouvelle patrie, la femme n'a pas le droit de
forcer son mari de s'établir à l'étranger. Ma.s après
la séparation, la nécessité d'un domicile commun
n'existe plus; la femme peut s'établir ou bon lui
semble, fût-ce même en pays étranger (1). Dès lors
plus d'obstacle à sa naturalisation.

Ce système invoque en outre l'art. 17 d'après
lequel la qualité de français se perd par la naturalisation en pays étranger. On fait remarquer que
l'art. 17 ne distingue pas si la personne était ou non
autorisée, ou si elle acquiert la nationalité étrangère par le seul effet de la loi. Dès le jour où cette
naturalisation est acquise, la femme cesse d'être
française.

On fait encore ressortir en faveur de ce système
l'inégalité de situation entre le mari et la femme
qui résulterait de l'adoption de la doctrine précédemment exposée. Tandis que le mari séparé aurait le droit de se faire naturaliser à l'étranger, de
se remarier ensuite, la femme ne pourrait changer
de nationalité. Bien plus, elle serait soumise à la
puissance maritale d'un mari devenu étranger (2).

---

(1) Demolombe, t. 1er p. 358.

(2) *Revue du notariat.* n° d'avril 1876, p. 299. — Folleville. *De la naturalisation en pays étranger de la femme séparée de corps en France.*
— Holtzendorff, *Journal de droit international privé.* n° de janvier-fé-
vrier 1886, p. 5. — Bluntschli, *de la naturalisation en Allemagne, d'une
femme séparée de corps en France et des effets de cette naturalisation.*

Les auteurs que nous citons examinent en outre la question au point de vue de la loi étrangère. Celle-ci doit-elle considérer la naturalisation comme valable? Nous ne pouvons les suivre sur ce terrain, sous peine de sortir du cadre que nous nous sommes tracé.

§ II. *Effets de la séparation par rapport aux enfants.*

L'art. 373 qui donne au père le droit de puissance paternelle pendant le mariage, est applicable après la séparation de corps, puisque le mariage n'est pas dissous. En vertu de cette autorité, le père conserve le droit d'émanciper ses enfants et de les détenir par voie de correction.

Mais des doutes se sont élevés sur la question de savoir si l'art. 386 qui déclarait celui des deux époux qui avait donné lieu au divorce déchu du droit de jouissance légale, était applicable au cas de séparation. La négative est généralement admise et avec raison. En effet, dit-on, le père a la puissance paternelle dans toute sa plénitude pendant le mariage (373) et ce droit de puissance comprend celui d'usufruit légal des biens de ses enfants (384). Si l'art. 386 prononce une déchéance pour le cas de divorce contre l'époux coupable, il ne nous est pas permis de l'étendre à la séparation qui, laissant intact le lien conjugal, n'a pas pour les enfants des conséquences aussi désastreuses que le divorce; car les époux divorcés pouvaient se remarier. Si le père était déchu de ce droit d'usufruit, entre les mains de qui passerait-il? Entre celles de la mère? Pendant la vie du père, elle n'exerce pas la puissance paternelle. Il ne pourrait donc que revenir aux enfants qui se trouveraient ainsi avoir un intérêt aux dissentiments de leurs parents, ce qui est contraire à la morale. Remarquons que cet usufruit une fois éteint ne pourrait revivre par la réconciliation, conséquence opposée à l'esprit de la loi qui désire la réunion des époux (1).

Que faut-il décider des art. 302 et 303 qui confiaient à l'époux qui avait obtenu le divorce la garde des enfants et même, s'ils étaient remis à un tiers, imposaient aux père et mère, quoique divorcés l'obligation de surveiller leur entretien et leur éducation et d'y contribuer? Faut-il les appliquer à la séparation de corps? On pourrait dire que le père conserve tous ses droits après la séparation; car le mariage n'est pas dissous. On est d'accord pour décider que les droits du père sont modifiés, mais on s'est divisé sur l'étendue de ces modifications. Tandis que MM. Aubry et Rau décident que le père qui a obtenu la séparation de corps ne peut être privé de la garde de ses enfants, et le père, contre lequel la séparation a été prononcée peut être maintenu dans cette garde, lors même

---

(1, Denolombe, t. IV. n° 519. — Aubry et Rau, t. V. p. 201. Massol traité de séparat. p. 334, n° 7.

que le ministère public ne le demanderait pas (1),
M. Demante pense que « l'autorité paternelle doit
en principe appartenir au père demandeur ou
défendeur (2). » Les art. 302 et 303 ne seraient
applicables qu'en ce qui concerne le pouvoir discrétionnaire des tribunaux.

Il faut admettre avec la jurisprudence que ces
articles sont complètement applicables à la séparation de corps. On refuse de le faire dans l'autre
opinion à cause de la persistance de la puissance
paternelle, quand les époux sont séparés. Mais remarquons que dans le cas de divorce, pour qui ces
articles ont été édictés, cette puissance n'est pas
enlevée au père (148. 376-377). Ainsi il doit consentir au mariage de son fils, il a le droit de correction et d'émancipation. L'objection n'est donc pas
sérieuse. Il faut aussi tenir compte du but de la
loi dans les art. 302 et 303. Elle confiait les enfants
au plus digne, c'est-à-dire à celui qui avait obtenu
la séparation. Est-ce que les mêmes raisons de décider ne se retrouvent pas dans le cas de séparation? Peut-on croire que la loi n'ait pas songé à la
situation des enfants, quand les époux sont séparés? et si elle y a songé, est il vraisemblable qu'elle
l'ait laissée sans la régler, sans s'en référer aux dispositions qu'elle venait d'édicter pour le divorce?
Remarquons que le père déchu du droit de garde,

---

(1) Aubry et Rau, t. V. p. 201.
(2) Demante, t. II, n° 31 bis II.

ne perd pas son droit de puissance paternelle; il peut surveiller l'éducation de ses enfants, pourvoir à leur entretien, et réclamer l'intervention de la justice, si la mère manque à la mission qui lui aura été confiée (1).

Les tribunaux ont le droit de confier la garde des enfants à un tiers, avons nous dit ; cela n'empêche pas que le père possède et administre les biens de ses enfants. Son droit est incontestable, si l'on admet qu'il conserve l'usufruit légal. Mais faut il donner la même solution quant aux biens dont le père n'est que l'administrateur comptable(389)? Il faut admettre l'affirmative. Quelques auteurs voient dans la mère ou le père un véritable tuteur, étendant son autorité sur les biens autant que sur la personne des enfants (2). Ce point de vue est inexact. En effet aucun texte n'a enlevé au père son droit d'administration des biens; mais seulement la garde de ses enfants. Il conserve donc son droit de puissance paternelle (3).

§ 3. *Effets de la séparation en ce qui concerne les intérêts pécuniaires des époux.*

Dès que les époux sont séparés judiciairement, la communauté d'intérêts n'existe plus entre eux, et par conséquent la nécessité d'un fonds commun ne

---

(1) Demolombe, t. IV, n° 511. — Massol, *op. cit.* n° 1er, p. 319. — Montpellier, 4 février, 1835.

(2) Massol, *op. cit.* p. 327, n° 1.

(3) Demolombe, t. IV, n° 512.

se fait plus sentir, Aussi l'art. 311 décide-t-il que la séparation de corps emporte toujours séparation de biens. La femme reprend l'administration et la jouissance de ses biens ; la communauté se liquide entre les époux.

Il importe de distinguer deux sortes de séparation de biens judiciaire : l'une demandée par la femme quand sa dot est mise en péril ; l'autre, dont nous avons à nous occuper ici, qui est l'accessoire forcé de la séparation de corps (311). Les termes impératifs de cet article ne permettent pas de douter que cette séparation ne soit au-dessus de la convention des parties, c'est-à dire que les époux ne pourraient stipuler par contrat de mariage que tout en étant séparés de corps, ils resteront communs en biens.

Cette distinction que nous venons de faire entre les deux espèces de séparation n'est pas purement théorique. Les règles de la séparation de biens principale ne s'appliquent pas toutes à la séparation de biens accessoire.

Une première différence est celle-ci : la demande en séparation principale reçoit une publicité spéciale organisée dans les art. 1445, Code civ., et 866 Code proc. civ., tandis que le jugement seul de la séparation de corps, et par conséquent de la séparation de biens qu'elle entraîne, est rendu public.

Voici une seconde différence qui est très-vivement contestée. Aux termes de l'art. 1445 que nous venons de citer, le jugement qui prononce la sépa-

ration de biens principale remonte, quant à ses effets, au jour de la demande. Doit-on appliquer la
rétroactivité au jugement qui prononce la séparation de corps, sinon à l'égard des tiers, du moins
en ce qui concerne les intérêts des époux entre eux?

Dans une première opinion, on dit que l'article 1445 ne distinguant pas entre les deux espèces
de séparation, il faut leur attacher les mêmes effets à l'une et à l'autre, et faire remonter le jugement dans les deux cas au jour de la demande.
Cette règle du reste est conforme au droit commun,
qui n'a pas voulu que les parties puissent souffrir
des lenteurs de la justice, et qui pour cela fait remonter les effets du jugement au jour de la demande. Ici, dit-on, cette règle est d'autant plus
nécessaire que s'il en était autrement dans le cas
de séparation de corps aussi bien que dans celle de
biens principale, on pourrait craindre de la part de
l'époux défendeur des fraudes, des chicanes pour
traîner le procès en longueur, et dissiper par là les
biens de la communauté (1).

Ce système ne doit pas être suivi. Ses partisans
refusent de reconnaître cette rétroactivité à l'égard
des tiers, et ne l'admettent qu'entre les époux.
Cette distinction que proscrit la généralité des
termes de l'art. 1445, démontre le vice de ce système. Il faut accepter cet article tel qu'il est, pour

(1) Massol, op. cit. p. 303. — Aubry et Rau, t. V. p. 202. — Troplong, contr. de mar., t. II. n°s 1366 et sq.

l'appliquer à la séparation de biens accessoire ou le rejeter complétement, et c'est là notre opinion. Mais il est contraire à la logique d'admettre la rétroactivité à l'égard des tiers et des époux dans le cas de séparation de biens principale, et de n'appliquer cette rétroactivité qu'aux époux dans le cas de séparation accessoire.

Pour nous, l'art. 1445 ne s'applique pas à la séparation de biens résultant de la séparation de corps, et cela parce que les motifs qui ont dicté cet article n'existent pas dans notre matière. Quand la femme demande la séparation de biens principale c'est que sa dot est mise en péril par la mauvaise gestion de son mari, et il importe de faire cesser cette situation le plus vite possible. De là la rétroactivité du jugement qui a pour effet de séparer les deux patrimoines dès le jour de la demande. Tout autre est le but de la femme demandant la séparation de corps. Ce ne sont plus les dilapidations de son mari qu'elle invoque, c'est son honneur qu'elle veut venger. Les intérêts pécuniaires sont pour elle bien secondaires, et, du reste, peut être ne sont-ils pas compromis par le mari, bon administrateur malgré ses fautes. Un autre motif de ne pas appliquer l'art. 1445 à la séparation de biens accessoire, est celui-ci : La place qu'il occupe dans le Code démontre parfaitement qu'il a été écrit pour la séparation de biens principale seulement. L'autre doctrine a invoqué le droit commun, dont, dit-elle l'art. 1445 n'est qu'une application. Il n'en est rien. Les jugements rétroagissent au jour de la demande parce qu'ils ne font que reconnaître un droit préexistant auquel le défendeur pouvait acquiescer. Ici, dans le cas de séparation de biens principale, le jugement crée un droit nouveau, et on ne saurait faire un reproche au mari défendeur de n'avoir pas acquiescé, puisque la loi elle-même prohibe les séparations de biens volontaires (1443), et pose le même principe pour les séparations de corps (367). Si donc, dans un cas, la loi a voulu que le jugement rétroagisse, il a fallu qu'elle le dise expressément. De là, l'art. 1445 n'est pas une application, mais une dérogation au droit commun, dérogation qu'il ne faut pas, à cause de cela, étendre à un cas non prévu. Et d'ailleurs une preuve que la loi n'a pas voulu faire cette extension, c'est qu'elle n'a pas entouré la demande en séparation de corps de la même publicité que celle en séparation de biens principale (879-880, Cod. proc. civ.). L'intérêt des tiers pourrait donc être lésé, si cette rétroactivité existait, car peut être n'ont-ils pas connu cette demande. Il faut donc dire que la séparation de biens accessoire ne remonte pas, quant à ses effets, au jour de la demande.

Si les conséquences de notre doctrine effrayaient quelques esprits au point de vue des intérêts de la femme pour qui on pourrait redouter les vengeances du mari, nous répondrions que si celle-ci a des craintes à ce sujet, elle a le droit de demander en même temps une séparation de biens principale, dont les effets seront incontestablement réglés par l'article 1445, et remonteront au jour de la demande (1).

L'art. 1518 nous enseigne que l'époux contre lequel la séparation a été obtenue perd ses droits au préciput, tandis que son conjoint conserve les siens en cas de survie. La séparation ne donne donc pas ouverture au préciput, mais seulement le prédécès de l'époux contre qni la séparation a été prononcée. Quand la femme a bénéficié de l'art. 1518, le mari conserve les objets composant le préciput, pour le tout ou pour la moitié, suivant que la femme accepte ou répudie la communauté, en donnant caution. L'application de ces dispositions à la séparation de corps ne présente aucune difficulté, la loi s'en étant expliquée formellement.

L'art. 767 prononce entre les époux divorcés la perte des droits successoraux à l'hérédité l'un de l'autre. Remarquons que le conjoint qui a obtenu le divorce ne succède pas plus à son conjoint que ce dernier ne lui succède. La loi a vu là non une déchéance, qui devrait frapper l'époux coupable, seul, mais une conséquence forcée de la rupture du lien conjugal.

Cette disposition ne doit pas être étendue à la séparation. Le Conseil d'Etat, en effet, demandait l'assimilation du cas de divorce et de séparation de

____

(1) Demolombe, t. IV. n⁰ˢ 514-515.—Valette, Explicat. somm p. 149. — Rodière et Pont. contr. de mar. t. II, n° 689. — Demante, t. II n° 23 bis. I, II.

corps. Malgré cette demande, dans la rédaction définitive de l'art. 767, il n'est question que du divorce, ce qui prouve bien qu'elle a été repoussée. Remarquons, du reste, que dans le cas de séparation, le lien conjugal n'est pas rompu; les époux sont toujours époux, ce qui explique pourquoi ils conservent leurs droits éventuels à la succession l'un de l'autre (1).

Nous voici en présence d'une discussion qui a passionné les interprètes du droit et divisé la jurisprudence. C'est la question de savoir si les articles 299 et 300 sont applicables à la séparation de corps.

Voici d'abord le texte de ces deux articles :

« Pour quelque cause que le divorce ait eu lieu,
« hors le cas de consentement mutuel, l'époux con-
« tre lequel le divorce aura été admis, perdra tous
« les avantages que l'autre époux lui avait faits,
« soit par leur contrat de mariage, soit depuis le
« mariage contracté. — L'époux qui aura obtenu
« le divorce, conservera les avantages à lui faits
« par l'autre époux encore qu'ils aient été stipulés
« réciproques, et que la réciprocité n'ait pas lieu. »
Cette déchéance de l'époux coupable doit-elle être étendue au cas de séparation de corps? Telle est la question que les auteurs ont résolue ea divers sens.

---

(1) Demolombe, traité des success. t. n° 173. — Chabot. Successions art. 767, n° 4. — Massol. *op. cit.*, p. 313, n° 54. — Aubry et Rau, t. V. p. 316.

Nous allons donner un résumé des principaux systèmes :

Premier système. — Il se formule ainsi : Les donations entre époux ne sont ni révoquées de plein droit en vertu de la séparation (299), ni révocables pour cause d'ingratitude (955).

Voici comment on raisonne dans cette doctrine : L'art. 299 prononce une peine contre l'époux coupable. Or, comme il est de principe que les peines ne tendent pas par voie d'analogie d'un cas prévu à un cas non prévu, et comme l'article précité n'est écrit que pour le divorce, nous ne pouvons l'appliquer à la séparation de corps. Si la loi avait voulu assimiler les deux cas. elle aurait eu grand soin de s'expliquer, comme elle l'a fait pour plusieurs articles du Code, par exemple, les art. 1441, 1449, 1452. 1453, 1518, et surtout 308. Et puis, le législateur n'a pas dû vouloir étendre l'art. 299 à la séparation de corps; car les motifs de cette disposition ne sont pas les mêmes que dans celui du divorce. Dans le divorce, où les conventions matrimoniales sont anéanties sans retour, qu'y a-t-il d'étonnant que les donations soient révoquées? Elles iraient sans cela enrichir un nouveau conjoint, et des enfants issus d'une autre union. Dans le cas de séparation, rien de tel; le lien subsiste, les conventions matrimoniales doivent subsister (1395), sous peine d'être un obstacle à la réconciliation des époux. L'art. 1518 prévoit une hypothèse spéciale qui ne détruit en rien les arguments par lesquel nous venons de démontrer que les art. 299 et 300 ne sont pas applicables à la séparation de corps.

Les partisans de ce système vont plus loin. Ils n'admettent pas que les donations entre époux soient révocables pour ingratitude. Ils s'appuient sur l'art. 959 qui défend la révocation pour ingratitude des *donations en faveur du mariage*. L'article 960 comprend expressément dans cette appellation les donations *faites par un conjoint à l'autre*. Le motif de la loi est bien simple. Ces donations participent de l'immutabilité des conventions de mariage; car sans elles peut-être le mariage ne se serait pas conclu. Elles en ont peut-être été la condition. — On objecte à cette solution que ces libéralités sont personnelles aux époux, et qu'elles peuvent être révoquées sans nuire aux enfants, ce qui n'a pas lieu pour les donations faites par un tiers aux époux. Cette objection n'est pas concluante. Une donation d'usufruit faite par un tiers n'est pas révocable pour cause d'ingratitude, et cependant la révocation ne nuirait pas aux enfants. Enfin, ajoute-t-on, il ne faut pas oublier que les parties sont des époux, que cette situation demande des ménagements. Il faut prendre garde, au moyen de cette demande en révocation indépendamment de toute action en séparation, d'introduire dans le ménage des éléments de discorde, et, ce qui serait pire, de donner aux héritiers le droit de divulguer au public, après un temps quelquefois très-long, les faits d'ingratitude qui pourraient fonder la révocation.

Ce système a été suivi par la Cour de cassation, malgré les résistances des Cours d'appel, jusqu'au 23 mai 1845, où un arrêt rendu en audience solennelle changea la jurisprudence contrairement aux conclusions du procureur général M. Dupin (1).

Second système. — Il n'admet pas la révocation de plein droit en vertu de l'art. 299, pour les raisons que donne le premier système pour la repousser; mais il reconnaît la révocation pour ingratitude (955).

Ce système repose sur l'autorité de l'ancien droit, qui, sans déclarer les donations entre époux révoquées de plein droit, permettait à l'époux qui obtenait la séparation d'en demander la révocation. On peut dire que toutes les causes de séparation, excepté le cas de condamnation à une peine infamante, sont des cas d'ingratitude rentrant dans l'application de l'art. 955. Le juge a donc un pouvoir discrétionnaire pour prononcer la révocation des donations, si l'époux défendeur mérite cette peine.

Cette opinion fait une distinction arbitraire que l'on ne peut admettre, tout en regrettant que la loi, dans ses textes, n'ait pas consacré une doctrine qui laisse le juge libre de proportionner le

____

(1) Cassat. 21 déc. 1812. — Cassat. 21 novemb. 1843. — Duranton t. II, n° 20 bis, t. II. — Toullier, t. II, n° 781.

châtiment à la faute du coupable, faculté précieuse que ne présente pas le système de la révocabilité de plein droit.

Troisième système. — C'est celui inauguré par la
Cour de cassation, chambres réunies, par son arrêt du 23 mai 1845. Il étend l'application des articles 299 et 300 à la séparation, d'où il suit que les
donations entre époux seront révoquées de plein
droit. Dès lors, la question de savoir si les donations sont révocables pour ingratitude est sans
intérêt. Cette révocation, en effet, exigeant une
nouvelle sentence pour déclarer que le donataire
s'est rendu indigne des libéralités de son bienfai-
teur, il faudrait un nouveau procès qui ne servirait
qu'à envenimer la haine des époux et rendre leur
réconciliation plus difficile. Du reste, pourquoi ou-
vrir cette voie à l'époux offensé ? Qu'il poursuive
la séparation de corps, et dès lors pourquoi ne pas
admettre la révocation de plein droit, et rien que
cette révocation ?

Cette extension des art. 299 et 300 à la séparation
de corps ne peut être repoussée, car ces articles ne
sont pas spéciaux au divorce, comme impliquant
la rupture du lien conjugal. La preuve, c'est que
dans le divorce, par consentement mutuel, où le
lien n'existait plus, la révocation n'avait pas lieu.
Elle a donc son fondement dans la mauvaise conduite de l'époux coupable, conduite considérée
comme une inexécution des conditions de la libéralité. Or, nous l'avons dit, nous devons admettre

comme effets de la séparation de corps les effets du divorce qui sont compatibles avec le maintien du lien conjugal. Les art. 299 et 300 consacrent un de ceux-là.

L'art. 1518 est surtout déterminant dans le débat. Aux termes de cet article, l'époux demandeur en séparation, et qui a obtenu gain de cause, conserve son droit au préciput, d'où l'on est fondé à conclure que celui contre qui elle a été prononcée est dépossédé du préciput, c'est-à-dire d'un avantage qui suppose un échange de concessions entre les époux, qui se présente à nous comme une convention de mariage sous la protection du principe d'irrévocabilité. Si donc l'époux coupable se trouve déchu de son droit au préciput, comment comprendre qu'il ne perde pas les libéralités pures ? Remarquons, à propos de ce même article, qu'il ne prononce pas la déchéance contre l'époux, il la suppose prononcée antérieurement. La disposition qui l'établit ne peut être que l'art. 299.

Un argument en faveur de ce système, et qui n'est pas sans valeur, c'est celui fondé sur la tradition de notre ancien droit. Autrefois, l'époux qui avait gain de cause pouvait demander la révocation des donations par lui faites à son conjoint. Les rédacteurs du Code ont emprunté ce principe pour l'appliquer plus énergiquement au cas de divorce, puisqu'ils admettent cette révocation comme en résultant de plein droit. Or, on a dit dans la discussion que les deux institutions devaient marcher parallèlement avec les mêmes causes et les mêmes effets. On a appelé la séparation de corps *le divorce des catholiques*. Nous devons donc attribuer à ce divorce les mêmes effets qu'au véritable, en tant qu'ils ne dérivent pas de la dissolution du mariage.

Il faut noter également l'art. 310 qui mettrait l'époux coupable dans une situation meilleure que l'innocent. En effet, l'époux originairement défendeur à la séparation avait le droit, aux termes de cet article, après trois ans écoulés depuis la séparation, de former une demande en divorce. Si le système que nous repoussons était adopté, il aurait pu, avant 1816, arriver que, tandis que l'époux coupable aurait conservé malgré ses fautes les libéralités à lui faites par son conjoint, l'époux innocent, maintenant défendeur à la demande en divorce, aurait vu les libéralités dont son conjoint l'avait gratifié s'anéantir par l'effet du divorce (299). Il est impossible qu'une telle situation ait été consacrée par la loi. Aussi, beaucoup de partisans de l'opinion contraire, reculant devant un pareil résultat, refusaient d'appliquer l'art. 310 à ce cas, et cela malgré la généralité de ses termes.

Qu'on ne dise pas que la révocation sera un obstacle à la réconciliation des époux; loin de là. La réconciliation ne suffit pas à elle seule pour faire revivre les conventions matrimoniales; elle exige le consentement des deux parties. L'époux frappé par la déchéance appliquera naturellement tous ses

efforts à se faire pardonner ses fautes et obtenir
ainsi la restauration des libéralités qu'elles lui ont
fait perdre (1),

On s'est demandé si cette révocation peut préju-
dicier aux tiers acquéreurs de bonne foi qui tie-
nent leurs droits de l'époux déchu. Dans une première opinion, on applique le droit commun, c'est-
à-dire qu'on applique le principe : *résoluto jure
dantis, resolvitur jus accipientis.* La révocation produit donc son effet ordinaire, c'est-à-dire qu'elle
atteindra les tiers acquéreurs (1183).

C'est répondre à la question par la question, dit
une autre doctrine; il s'agit en effet de savoir si la
déchéance est une condition résolutoire sous en-
tendue dans la donation. Il faut admettre que c'est
une peine qui ne doit pas rejaillir sur les tiers, car
la cause n'est pas antérieure à la donation, mais au
contraire postérieure et par conséquent il serait
inique d'en faire supporter les conséquences aux
tiers ignorant des fautes de leur auteur. (2).

La question que nous traitons à une autre face
qu'il nous faut examiner. Quelques interprètes
pensent que les donations révoquées de plein droit
par la séparation, sont aussi révocables pour cause
d'ingratitude (959). Cette révocabilité ne fait pas
double emploi avec la révocation résultant de
la séparation prononcée. Elle a son utilité quand le

<hr>

(1) Cassat. 23 mai 1845. — Marcadé, art. 311, n° 2. — Massol. p. 297,
n° 53. Valette, *explicat. somm.* p. 119.
(2) Cassat. 30 août 1865.

conjoint offensé ne veut pas demander la séparation, mais préfère obtenir des tribunaux la révocation des libéralités qu'il a faites ou bien, s'il est
mort sans connaître l'ingratitude de son conjoint,
ses héritiers en ce cas trouveront dans sa succession le droit de poursuivre la révocation.

L'utilité de cette théorie une fois démontrée, il
faut prouver maintenant qu'elle est fondée en droit.
On objecte à ce système l'art. 959, d'après lequel
les donations en faveur du mariage ne sont pas révocables pour ingratitude. Mais est-il sûr que ces
mots renferment les donations faites par un conjoint à l'autre?

La loi dispense les donations en faveur du mariage de la révocabilité pour cause d'ingratitude,
parcequ'elle préjudicierait non-seulement aux
époux, mais aux enfants qui ont été la cause tacite
de la libéralité du tiers donateur. Or, cet intérêt des
enfants n'est plus en jeu dans la donation réciproque des époux; car les biens composant la donation révoquée, l'enfant les retrouvera dans la
succession du donateur. Ainsi l'exception à la
règle de la révocation pour ingratitude n'a plus sa
raison d'être quand il s'agit de la donation d'un
époux à son conjoint.

C'est en expliquant ainsi les motifs de l'art. 959,
qu'on peut l'écarter du débat, et cette explication
est d'autant plus admissible que c'était la doctrine
de l'ancien droit reproduite dans la discussion du

Code, par MM. Jaubert et Bigot Préaméneu (1). Ainsi dans l'ancien droit, le mot *donations en faveur du mariage* ne comprenait pas les donations entre époux. Et en effet on ne peut pas dire qu'elles sont en sa faveur dans le sens technique du mot. Le ménage n'y a pas d'intérêt, puisque le bien servira toujours à ses besoins dans quelque main qu'il se trouve, celle du donateur ou de l'époux donataire.

Treilhard vient à l'appui de cette théorie. Il disait : « L'époux séparé s'est placé au rang des ingrats ; il doit être traité comme eux, il a violé la première condition ; il ne doit plus être reçu à en réclamer la disposition. »

Il est nécessaire en terminant de signaler l'immoralité du système contraire. Le donataire doit de la reconnaissance à celui qui la gratifié ; c'est là un devoir de justice, et la loi sanctionnant ce devoir, punit le donataire qui s'est montré ingrat. Voilà le fondement de la révocation pour cause d'ingratitude. Or, comment admettre qu'un donataire étranger soit puni s'il ne se montre pas reconnaissant, et que l'époux donataire en qui son conjoint à le droit de trouver l'affection, le dévouement indépendamment de toute libéralité, puisse être ingrat impunément? Ce serait le renversement de toute morale et de toute logique que de dire : Plus le donataire doit d'affection au donateur, moins il est tenu d'en avoir (2).

---

(1) Fenet. t. XII. p. 601-635. — Pothier, donation, sect. III. art. 3, §2, Valois, t. II. p. 303.
(2) Demolombe, t. IV, n° 528.

CHAPITRE VI

CESSATION DE LA SÉPARATION DE CORPS.

Ce qui distingue la séparation de corps du divorce, et ce qui fait l'avantage de la première de ces institutions sur la seconde, c'est qu'elle laisse intact l'espoir de voir se renouer un jour la vie commune. La loi regarde avec autant de faveur la réconciliation des époux qu'elle montre de peine à les séparer. Delà cette facilité au retour des époux l'un vers l'autre. C'est ainsi que le consentement, impuissant à opérer la séparation, suffit pour anéantir le jugement, et rétablir le mariage. Mais il faut une volonté manifestée par des signes non équivoques de reprendre la vie conjugale ; un rapprochement accidentel et passager n'est pas suffisant pour révéler cette volonté. Toutefois il n'y a pas de formalités imposées par la loi, comme pour le rétablissement du contrat de mariage (1451), tant la loi craint de gêner la réunion des époux. La réconciliation s'induira donc des circonstances, et s'il y a doute sur son existence, il faudra appliquer l'art. 274 (1).

Mais faut-il le consentement des deux époux ou

<hr>

(1) Demolombe, t. IV, n° 536.

doit on dire que l'époux qui a obtenu la séparation peut par sa seul volonté forcer son conjoint à rétablir la vie commune? Dans un premier système, on enseigne que l'époux innocent peut seul se prévaloir du jugement de séparation, puisqu'il a été prononcé en sa faveur; l'époux coupable ne peut donc invoquer ce jugement qui a constaté ses torts pour se refuser à rétablir le mariage. L'art. 309 donne un appui à ce système, puisqu'il dit que le mari qui a obtenu la séparation est *libre de reprendre* sa femme. L'emploi de ce mot indique bien que c'est malgré la femme.

Cette doctrine n'a pas prévalu. Toute décision judiciaire forme un espèce de contrat entre les parties, et une seule ne peut y renoncer (1134). Le jugement de séparation ne peut donc être anéanti du consentement d'un seul des époux. L'art. 309 ne prouve rien dans notre matière, parce qu'il suppose virtuellement le consentement de la femme. Et puis il a été écrit dans une hypothèse particulière pour laquelle il fallait un texte autorisant le mari à faire remise d'une peine prononcée par la justice. L'art. 1451 fait l'application de notre théorie générale en décidant que pour rétablir les conventions matrimoniales le consentement des deux parties est nécessaire. L'association des intérêts demande cette volonté chez les deux époux, à plus forte raison l'association des personnes exigera cette volonté. En outre, il est faux de dire que le jugement n'est obligatoire que pour l'une des parties; ce n'est pas une

faculté unilatérale qu'il a créée pour l'un des époux
de vivre séparément de son conjoint. Dès qu'il a
été rendu, pour l'un comme pour l'autre des époux,
le lien matrimonial a été relâché, et chacun peut
s'en prévaloir pour vivre de son côté. Cette théorie
est très-morale. En effet que deviendrait la séparation, si elle dépendait du caprice d'un seul des
conjoints? Ce serait un jeu. une fantaisie, une spéculation peut être fort dangereuse pour la tran-
quillité de la société. N'y aurait-il pas également
une injustice à mettre l'un des époux à la merci
de l'autre, et donner à celui-ci le droit de rétablir
une union qui ne pourrait être heureuse que si elle
était volontaire (1).

Le rétablissement de la vie commune est-il in-
dispensable pour manifester le consentement des
époux de vivre ensemble? La Cour de Paris a
jugé (2) que cette reprise était nécessaire pour faire
présumer la réconciliation. Elle a posé en principe
que « le rétablissement de la vie commune peut
« seul faire supposer l'abandon des droits résultant
« du jugement de séparation. » Cette théorie res-
trictive se fonde sur l'art. 309 dans lequel elle voit
cette condition exigée pour détruire l'effet de la
condamnation de la femme. A cet argument de
texte, on ajoute cette considération : le rétablisse-

____

(1) Cassat. 3 février 1817. — Marcadé, art. 311, n° 5. Demolombe, t. IV
n° 532.

(2) Paris, 5 avril 1860.

ment de la vie commune est un fait public, facile à prouver; qui n'entraînerait aucune contestation si son existence était déniée, tandis que si tout autre fait suffisait pour prouver la réconciliation, on pourrait craindre de voir les époux engager une nouvelle lutte sur la preuve d'un rapprochement problématique.

Ces arguments ne sont pas décisifs. L'art. 309 a un tout autre but que celui pour lequel on l'invoque, celui de donner le droit de grâce au mari. La condition exigée pour ce droit, n'est pas la reprise de la vie commune, mais le consentement du mari. La conséquence de ce système est de donner au juge un pouvoir discrétionnaire pour apprécier si les faits invoqués prouvent la réconciliation (1).

La réconciliation met fin à la séparation quelle que soit la cause qui y ait donné lieu. Dans le cas de condamnation de l'un des époux à une peine infamante, le pardon de l'époux innocent a pour effet de rétablir la vie commune. Mais la révision de la condamnation, la mettant à néant, même dans le passé anéantit la séparation de corps qui dès lors n'a plus de cause. L'amnistie et la réhabilitation n'ayant pas d'effet rétroactif laissent subsister la condamnation avec toutes ses conséquences.

Dès que la réconciliation a eu lieu, les effets pro-

---

duits par la séparation, touchant la personne des époux et des enfants, s'anéantissent ; le mariage revit avec ses conséquences, les droits de puissance paternelle et maritale, et les obligations découlant du mariage.

La séparation de biens seule survit, tant que les conditions imposées par l'art. 1541 n'ont pas été observées. Le rétablissement des conventions matrimoniales doit être constaté dans un acte authentique, tandis que le rétablissement de la vie commune n'est soumis, nous l'avons vu, à aucune condition de publicité.

Les donations par contrat de mariage sont rétablies avec leur caractère primitif ; car la pensée de la loi est de permettre aux époux de reconstituer ce contrat sur ses anciennes bases. C'est d'après ce principe qu'il faut admettre que les époux mineurs n'ont pas besoin de l'assistance de personnes désignées dans l'art. 1398 pour rétablir leur contrat. C'est l'ancien acte qui reprend une nouvelle vie.

Si l'un des époux se rendait coupable de nouveaux torts envers son conjoint, ce dernier, malgré la réconciliation, pourrait demander de nouveau la séparation, et pour cela se fonder sur les torts anciens et pardonnés. En effet le pardon est quelquefois une circonstance aggravante des nouveaux torts, et souvent les offenses empruntent leur gravité à leur multiplicité.

POSITIONS

DROIT ROMAIN.

I. — Les formules du *libellus* n'étaient pas solennelles.

II. — La femme *in manu* finit par pouvoir divorcer.

III. — A l'époque des jurisconsultes, le consentement du père était exigé pour le divorce du fils.

IV. — On ne peut savoir si la *retentio propter mores* et celle *propter liberos* se cumulaient.

V. — Les lois *C. D. de divort.* et 8 *de captiv.* sont interpolées.

VI. — Le mari a toujours eu le droit d'aliéner les meubles dotaux.

DROIT FRANCAIS.

I. — La condamnation de l'un des époux à une peine infamante antérieure au mariage n'est pas une cause de séparation en vertu de l'art. 232.

II. — Il n'est pas nécessaire, pour que la femme puisse invoquer l'adultère de son mari comme cause de séparation, qu'il ait introduit lui-même la concubine dans la maison commune.

III. — La femme peut demander la séparation pour adultère de son mari, même si elle n'habite pas la maison, ou celui-ci demeure avec la concubine.

IV. — La réciprocité des torts ne constitue pas une fin de non-recevoir à la demande de l'un des époux contre l'autre.

V. — La demande en séparation formée par l'un des époux contre l'autre, ne peut-être continuée par ou contre les héritiers de l'époux décédé pendant l'instance.

VI. — La séparation de biens résultant de la

séparation de corps ne remonte pas au jour de la demandé.

VII. — Les donations entre époux sont révoquées par la séparation de corps.

VIII. — Elles sont révocables pour ingratitude.

IX. — Le mari chef de la communauté conserve le droit d'aliéner les immeubles communs, sauf le droit, pour la femme, de demander la révocation des aliénations frauduleuses.

X. — La femme qui ne justifie pas de sa résidence dans la maison assignée pendant l'instance, peut-être déclarée non recevable dans sa demande en séparation.

XI. — L'époux qui a obtenu un jugement de séparation, ne peut la faire cesser par sa seule volonté contre le gré de son conjoint.

PROCÉDURE CIVILE.

I. — La tentative de conciliation est nécessaire, même quand la séparation est demandée contre un époux condamné à une peine infamante.

II. — Elle n'est pas applicable à la demande reconventionnelle en séparation.

III. — L'ordonnance du Président qui assigne
une résidence à la femme pendant le procès est susceptible d'appel.

DROIT CRIMINEL.

I. — Si le délit d'adultére est prescrit lors de la
demande en séparation le Tribunal civil ne peut
prononcer de peine correctionnelle.

II. — L'accusé acquitté par le jury peut être
poursuivi en police correctionnelle pour le même
fait qualifié délit.

DROIT DES GENS.

I. — Les tribunaux français sont incompétents
pour prononcer la séparation de corps entre étrangers.

II. — L'étranger divorcé dans son pays peut se marier en France.

Vu par. le Président de la thèse,

J. E. LABBÉ.

Vu par le Doyen :

G. COLMET-DAAGE.

Vu et permis d'imprimer,

Le Vice-Recteur de l'Académie de Paris,

A. MOURIER.

Paris. — Imprimerie F. PICHON, 51, rue des Feuillantines.

Paris. — Imprimerie P. Picnox, 51 rue des Feuillantines.